Coécrit avec Denis van den Brink

Yann Eliès

SURVIVANT DES MERS DU SUD

MER & DÉCOUVERTE
ÉDITIONS

Direction éditoriale : Pierre Giboire
Parc d'affaires Edonia - BP 16144
rue de la Terre Victoria
35760 - Saint-Grégoire Cedex
Tél : 02 99 23 83 83
www.meretmedia.com

ISBN : 978-2-9534078-1-5

Sommaire

PRÉFACE

« Lève toi et marche ! » « Lève-toi Eliès ! » Ces paroles ont longtemps résonné dans la tête de Yann en ce 18 décembre 2008. Ce sera pour lui jour de calvaire, et le lendemain aussi, et le surlendemain encore. Les semaines qui suivront seront celles du purgatoire et, après l'enfer, le purgatoire a des allures de paradis. La vraie délivrance, vous l'avez entre les mains. C'est ce livre où Yann Eliès a enfin pu coucher sur le papier ce qu'il a longtemps retenu en lui ou raconté partiellement à ses proches.

Dans ce livre, il y a une course bien sûr, le mythique Vendée Globe, théâtre de tant de drames ou de miracles, mais il y a beaucoup plus que cela. Car au fond, on s'aperçoit que très vite le classement devient secondaire au regard d'une épreuve qui vous change la vie d'un homme. Peu importe que le marin soit à ce moment là septième ou premier. Le vainqueur de la course a certes emmagasiné de très beaux souvenirs, et un trophée magnifique, mais les plus beaux vainqueurs sont d'abord ceux qui gagnent contre eux même, ou contre l'infortune. Yann Eliès a remporté ces deux victoires là.

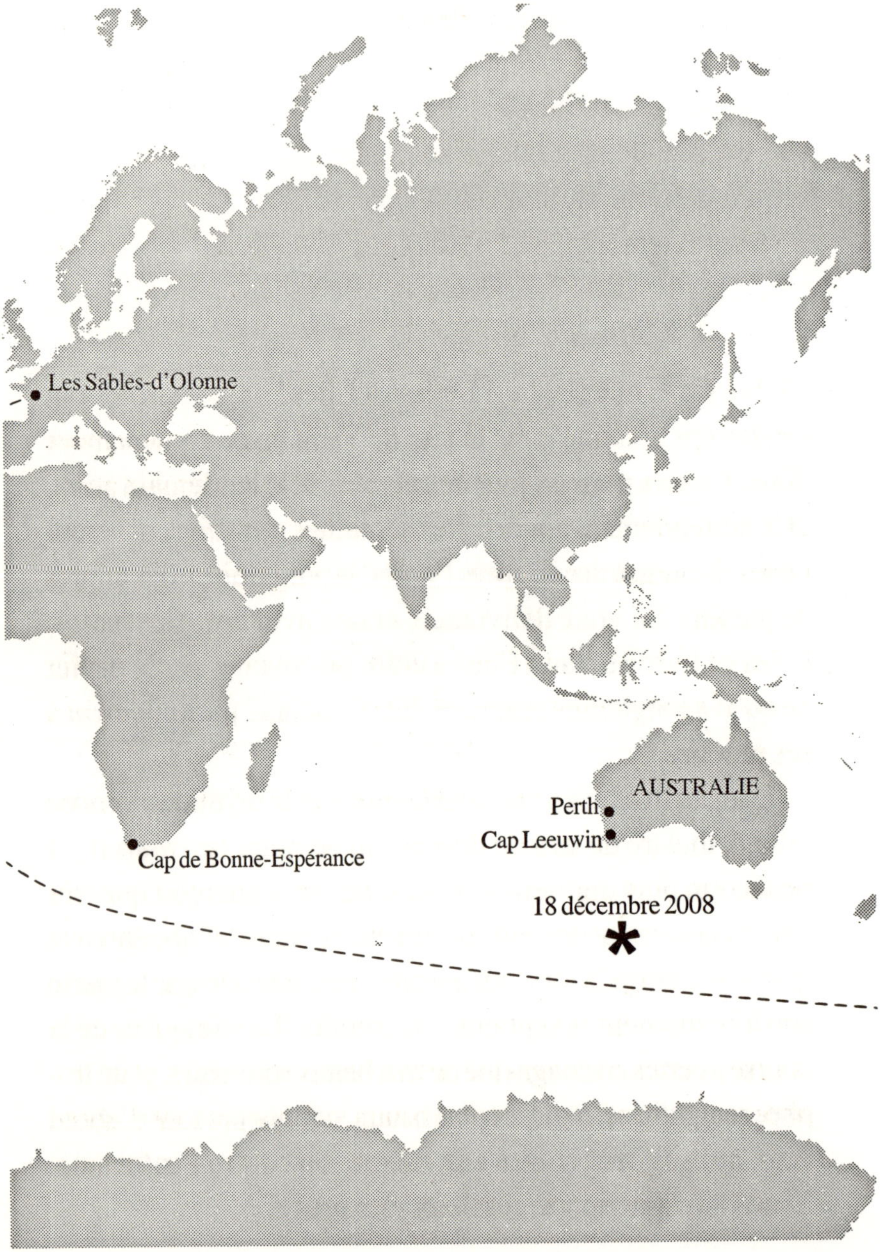
Les Sables-d'Olonne
AUSTRALIE
Perth
Cap Leeuwin
Cap de Bonne-Espérance
18 décembre 2008
*

L'histoire qu'il nous livre est celle d'un homme qui pouvait mourir à 1 500 km de toute terre habitée, mais c'est aussi celle d'une amitié, avec son inséparable Erwan, le premier qu'il réussira à joindre après le passage de la vague traitresse qui lui brisera la jambe au cœur de l'Océan Indien. Il faut imaginer la scène : Yann hurlant de douleur, incapable d'atteindre ses médicaments et Erwan dans le métro parisien, transformé en Messie du quel on attend tout...

Et puis, très vite, ce devient l'histoire d'une solidarité entre gens de mer. Avec, dans le rôle du Saint Bernard, un autre marin qui a connu la même infortune vingt trois ans plus tôt, une nuit de St Sylvestre. De Marc Guillemot, Yann Eliès dira joliment : « Finalement il ne m'a pas porté assistance. Il m'a simplement sauvé la vie ».

C'est pourquoi ce récit est criant de vérité. Et magnifiquement instructif sur les formidables ressorts qui peuvent maintenir un homme en vie. Merci à Yann et à Marc de nous avoir écrit cette page singulière de la grande saga des marins.

Patrick POIVRE D'ARVOR

INTRODUCTION

Chaque sport a son Éverest. Finale de Coupe du Monde de football, Jeux Olympiques, Tour de France cycliste... Chaque sportif a son Graal, cet objectif ultime qui couronne une carrière. Les navigateurs considèrent unanimement qu'un tour du monde à la voile, en solitaire, sans escale ni assistance, via les trois grands caps de Bonne-Espérance, Leeuwin et Horn constitue le défi maritime ultime à l'échelle des possibilités humaines. Cette course existe depuis 1989, elle a pour nom Vendée Globe !

Yann Eliès est l'archétype de ces marins français conditionné très tôt pour parvenir un jour, à force d'obstination et de talent, à s'aligner au départ de la plus exigeante, de la plus risquée aussi des courses océaniques. Fils et petit-fils de marin, ce Briochin n'a jamais envisagé son avenir autrement qu'au contact direct de la mer, la seule grande et véritable passion de son existence. Son talent s'est ciselé dans l'adversité des obscures régates d'Optimist et de dériveurs de l'adolescence. La Classe Figaro le révèle, mais c'est la vie qui le poussera a contempler ses forces et ses faiblesses. Yann prend des risques, se met volontairement en danger, seul moyen d'évaluer et de découvrir le marin qu'il est réellement. La découverte des mers du sud est une révélation, un aiguillon qui canalisera son immense énergie vers la construction d'un projet capable d'ambitionner la victoire dans le Vendée Globe.

Le 9 novembre 2008, à 34 ans, Yann Eliès est dans la cour des très grands, aux Sables d'Olonne, ville départ du Vendée Globe, à bord du monocoque 60 pieds Generali, rêvé, pensé, conçu pour la victoire. Stress, angoisse, doute, envie et impatience… les émotions se bousculent. Enfin la course, le grand défi solitaire. Yann prend ses marques après 24 premières heures dantesques qui mettent d'emblée nombre de favoris au tapis. Le rythme est endiablé. Tous les grands noms de la voile internationale sont là, Desjoyeaux, Peyron, Golding, Le Cam, Riou, Dick et consorts. Les attaques fusent. Les voiliers, pour la plupart tous construits pour l'événement, font merveille et les performances sont au rendez-vous. Eliès s'accroche. Mieux, il colle aux basques des favoris.

La négociation du contournement de l'anticyclone de Sainte Hélène est le premier grand morceau de bravoure d'une course toute en vitesse et en stratégie. Eliès brille. Il s'empare le 8 décembre de la tête du Vendée Globe. Son monocoque Generali glisse aux avant-postes sous le continent Africain. C'est l'euphorie, que les embruns glacés des quarantièmes rugissants puis des cinquantièmes hurlants viennent brutalement rincer. Eliès rentre en hiver. En guerre. Contre les éléments, et contre lui-même aussi. Le combat est âpre, la réussite le fuit. Les amis « tombent » autour de lui, Bernard Stamm, Loïck Peyron, Jean-Pierre Dick, Dominique Wavre abandonnent. Au delà des paillettes de la médiatisation, en dépit de la sophistication technologique dont il est le laboratoire, le Vendée Globe reprend ses contours originels du plus absolu des défis.

La solitude, la vraie, celle de l'impuissance face aux forces de la nature, s'empare des navigateurs. Au cœur de l'océan Indien, il faut se battre, passer coûte que coûte pour rejoindre cet océan Pacifique et ambitionner le franchissement du cap Horn. Il fait froid, humide. Des trains de dépressions gigantesques s'enroulent et accélèrent autour de l'Antarctique, assénant des coups formidables aux hommes et aux bateaux. Les abandons se multiplient. Après six semaines de course effrénée, douze solitaires sur trente au départ, ont déjà jeté l'éponge. Seuls 11 concurrents parviendront finalement à rallier Les Sables d'Olonne, dans le sillage d'un Michel Desjoyeaux triomphant.

Yann Eliès ne sera pas de ces élus. Sa course s'arrête brutalement, violemment un 18 décembre au milieu de nulle part. L'océan Indien lui refuse le passage, et le renvoie blessé, brisé, au fond de son voilier.

CHAPITRE I

MEURS UN AUTRE JOUR…

L'œil inquisiteur du répétiteur[1] me regarde. Inquisiteur, scrutateur, culpabilisateur. « Lève-toi, Eliès », me susurre-t-il… Trente-septième… non, trente-huitième jour de mer dans ce Vendée Globe, au cœur de l'océan Indien. Maudit Apache ! Il ne nous a pas ratés depuis que la vingtaine de solitaires encore en course s'y est aventurée. De dépression en dépression, son dernier croc-en-jambe m'a laissé groggy sur ma bannette, éreinté moralement et physiquement. 45 nœuds de nord-ouest cette nuit, lors du passage du front chaud ! Alors, n'en déplaise à mes chers cadrans numériques qui me renvoient inlassablement en un faisceau blafard toutes les informations essentielles à la marche du bateau, ce matin, je paresse un peu dans la douceur sèche de ma doudoune polaire. Allongé sur mon drôle de siège en V, si intelligemment étudié pour me permettre de compenser la gîte du bateau en position assise lorsque je travaille à la table à carte, je profite

1–Répétiteur : Écran numérique, localisé au dessus de la table à carte, affichant toutes les données de navigation en cours (vitesse bateau, vitesse vent, angle de vent près, angle de barre).

de quelques instants supplémentaires de confort. Mon corps est las, mais mon esprit bouillonne toujours. Instinctivement, viscéralement, j'écoute le pouls de mon bateau, mon grand monocoque de 60 pieds. Ses 18,28 mètres de carbone sont ce matin un peu à mon image, en lutte contre le désordre laissé sur l'océan par le passage de la dépression. *Generali* tape dans des vagues désordonnées, fortes, mauvaises. Entre crêtes et creux, il cherche son chemin, mais la force propulsive dont je l'ai doté en prévision de la dernière tempête, avant de m'écrouler dans les bras de Morphée, ne lui convient plus. Le vent tourne. Le pilote automatique s'énerve, cherche des appuis plus forts… Et le répétiteur me nargue, flashant un misérable 12 nœuds dans le cadran indicateur de ma vitesse. Insuffisant. C'est moi qui m'énerve à présent. L'heure de la révolte a sonné. Je me redresse brutalement et rejette le confort de ma couverture. Brrr. Quarante-neuf degrés de latitude sud. La température ambiante demeure confortable, mais l'humidité de la nuit me fait frissonner. J'attrape bottes et ciré et sors dans le cockpit et le gris du matin. Pas de doute, le vent tourne, et il me faut empanner[1], changer d'amure[2] afin de recevoir le vent du côté droit du bateau et de prolonger ma route plein est dans le sud de l'Australie. *Generali* continue de dévaler les vagues dans un vent mollissant, les trois ris que j'ai pris dans la grand-voile pour en diminuer la surface portante et la trinquette[3] (petite voile de brise) à l'avant du

1–Empanner : Action de changer d'amures en passant par le vent arrière.
2–Amure : Les amures designent le côté du bateau qui reçoit le vent en premier.
3–Trinquette : Voile d'avant triangulaire (petit foc de brise).

bateau m'ont permis de passer sans encombre le coup de vent. Les exigences de la compétition me somment maintenant, et avec insistance, d'entamer une manœuvre plus ambitieuse, de doter mon monocoque de la toile du temps. Cependant rien d'efficace ne se fait dans la précipitation. J'ai accumulé depuis trois jours nombre de petits travaux, petites interventions en soi bénignes, mais qui s'additionnent et bloquent ce matin mes prises de décision. Je dois placer les choses dans l'ordre, refaire mes gammes, reprendre mes « fondamentaux », comme disent les footballeurs. C'est le credo du navigateur, chercher en permanence l'harmonie avec les éléments, même si ces derniers n'y mettent parfois – souvent – pas beaucoup du leur. Un nouveau choc sur l'avant, sourd, violent. *Generali* cogne et se rebiffe. La mer est toujours formée et il me faut renvoyer de la toile pour coller à l'exigence du vent qui mollit et tourne sur l'arrière du bateau pour s'orienter sud-ouest. Le gennaker[1] est la voile du jour. Cette grande voile d'avant asymétrique va me redonner de la puissance, favoriser le passage dans la mer et me doter d'une vitesse efficace vers la prochaine marque de parcours, au sud-est de l'Australie. Cette marque de passage obligatoire a été placée là pour nous empêcher d'aller naviguer dans les eaux infestées de glaces dérivantes. Comme à l'entraînement, je refais mentalement tous les gestes de la manœuvre à réaliser : affaler ma trinquette, préparer mon gennaker… Mais auparavant, avant

1–Gennaker : Voile d'avant intermédiaire entre le génois et le spinnaker. C'est une voile de vent portant triangulaire utilisée entre 90° et 120° du vent réel.

toute chose, je dois procéder à quelques menues réparations, dont une, essentielle pour l'envoi du gennaker, va m'offrir une jolie balade à l'avant du bateau, que dis-je, hors du bateau, puisqu'il me faut intervenir à la toute extrémité de mon voilier, à la limite de ce bout-dehors[1], sur cet espar qui pointe au-delà de l'étrave à plus d'un mètre en prolongement du pont. Un petit dispositif dénommé « nez de cochon », car constitué de deux trous dans une plaque ronde, permet à la drisse qui gère la tension du guindant[2] du gennaker d'être réglée depuis l'intérieur du cockpit. J'ai malheureusement, et depuis quelques jours, constaté un ragage[3] anormal sur cet important bout de ficelle. Il me faut décaler la partie abîmée, déplacer la zone d'usure. Bricolage bénin, affaire de quelques instants, cette réparation, à l'instar d'une intervention en tête de mât, est de celle que tout marin rechigne naturellement à effectuer. Ce bout-dehors porte trop bien son nom. Il est le no man's land d'un voilier de course au large, particulièrement lorsque l'on navigue en solitaire, l'espace sans filet où la moindre erreur peut être fatale. Jouer les funambules hors de mon bateau, à 1 500 kilomètres de toute terre habitée, à bord d'une formule 1 lancée sur les pistes les plus mal pavées de la planète, sans personne pour veiller sur moi, voilà l'appétissant menu de ma journée.

1–Bout-dehors : Sur un bateau, le bout-dehors est un espar fixe ou rétractable pointant à l'avant du bateau. Il sert essentiellement pour établir une voile (foc, génois, gennaker, etc.).
2–Guindant : Côté avant d'une voile, sur la grand-voile c'est le bord qui coulisse dans le mât.
3–Ragage : Fait de raguer, d'user un cordage par le frottement.

La veille, j'ai endommagé le solent. Voile de près, elle a battu dans la tempête, et le rebord s'est abîmé. Elle est enroulée à poste, sur son étai qui relie le mât au pont. Je veux la préserver, et l'envoi du gennaker est ma seule option du moment. Je ne ressens pas d'appréhension particulière. Je maîtrise la technique de la réparation à effectuer. Mon impatience à relancer la machine est grande, mais on m'a appris à résister aux impulsions intempestives. C'est le lot de tout navigateur solitaire : réfléchir, anticiper, prévoir tous les scénarios. Un vaste regard circulaire me donne l'ambiance du jour. La matinée s'avance dans cette déconcertante palette de bleus gris plus ou moins lumineux du Grand Sud. L'anémomètre vient confirmer mon idée : le vent souffle toujours avec insistance entre 25 et 30 nœuds. Maniable. La mer est creuse, elle ne déferle plus, mais s'arrondit, enfle et s'affaisse sans direction bien affirmée. Gérable, me dis-je. Mon esprit est à présent parfaitement réveillé, mais l'endolorissement de mes muscles me laisse à penser que je ne suis pas au top de mes possibilités. Trois jours et trois nuits de tempête hurlante, arc-bouté dans quelques mètres carrés de carbone, ça vous casse un Breton. Je pénètre dans le cockpit et agrippe mon harnais, que j'enfile sur mon ciré. Je l'aime bien ce harnais.

C'est un vrai harnais maritime, un sanglage qui s'enroule autour des deux omoplates, qui se raccroche sur la poitrine, et se prolonge d'un cordage court, le tout de 80 centimètres peut-être, avec un croc qui permet de s'assurer. Il appartient à mon directeur technique et ami Philippe Laot. « Philoun » l'avait oublié à bord au lendemain d'un convoyage. Ce harnais m'avait plu immédiatement, car rapide à enfiler, pas gênant, avec cette longe en textile faite par Philippe, et ce croc facile à enlever. À l'heure du choix des équipements, « Philoun le taciturne » n'avait pas hésité : « Prends-le, il est pour toi ! » À plusieurs reprises déjà, je l'avais utilisé depuis le départ, décidant un peu au feeling, à l'instinct, quand le porter ou non, me méfiant de mes états de fatigue et préférant m'assurer lors de manœuvres un peu scabreuses. Ce mardi 18 décembre remplit indéniablement toutes les conditions rendant impératif le port du harnais. Hors de question de prendre le moindre risque.

La matinée avance. J'ai consulté sur mon écran d'ordinateur les classements du matin, le deuxième des cinq relevés quotidiens fournis par la direction de course. Je suis septième depuis que Jean-Pierre Dick (*Paprec-Virbac 2*) s'est volontairement sorti du jeu en gagnant des latitudes nord plus propices à la réparation de son safran. Pourvu qu'il y parvienne. Michel Desjoyeaux (*Foncia*), « Mich' Desj' », est revenu du diable vauvert depuis son départ des Sables-d'Olonne quarante heures après nous. Il nous a doublés proprement, les uns après les autres, et s'est emparé hier de la tête de la course. Il semble attaquer en permanence, ce que je me refuse à faire. Ça paie pour lui. Rien à dire. À moi de démontrer que ma stratégie plus conservatrice peut aussi porter ses fruits : le dos rond dans la tourmente, ne pas casser, surtout, et la relance agressive dès que les conditions de sécurité pour l'homme et le matériel sont réunies. C'est aujourd'hui le cas, et il me tarde de reprendre un mode plus conquérant, d'afficher aux classements des performances plus en rapport avec les conditions rencontrées et le vrai potentiel de mon bateau. Je me suis donné pour objectif d'atteindre le cap Horn avec moins de 400 milles de retard sur le leader, quel qu'il soit. Le Horn est encore loin. C'est le cap Leeuwin que j'ambitionne pour le moment, à la pointe sud-ouest du continent australien. Roland « Bilou » Jourdain (*Veolia Environnement*) s'accroche aux basques de Mich' Desj'. Jean Le Cam (*VM Matériaux*) est dans le rythme, moins régulier peut-être, mais capable de terribles coups d'accélérateur. Vincent Riou (*PRB*), le tenant du titre, et Armel Le Cléac'h (*Brit Air)*, le benjamin de la course, ne se quittent plus, mais accusent déjà près de 200 milles de retard sur les trois leaders. Armel navigue avec le sistership – le voilier jumeau – de mon *Generali*, même coque, même configuration générale. À performances sensiblement égales, je n'ai pas le droit de me faire décrocher. Je me cramponne en compagnie de Marc Guillemot (*Safran*) à ce peloton de chasse, *grupetto* à l'assaut d'un nouveau col.

Harnais, OK ; bottes, OK ; ciré, OK. Un demi-tour de winch pour border ma grand-voile, m'assurer du comportement du pilote automatique, et en avant. Quelques embruns glacés rincent en bouillonnant le pied de mât. Je me guide le long de la filière et atteins sans encombre l'étrave du bateau. Un balcon en aluminium orne l'avant du voilier et permet de s'assurer en toute sécurité. Je sens sous mes pieds vivre et s'ébrouer *Generali*. Il piaffe. Il sait que je vais bientôt relâcher l'étreinte de sa bride. Patience. Juste une bricole à terminer. « Une main pour l'homme, une main pour le bateau », dit-on. Pour enjamber le balcon et prendre appui sur les deux barres de carbone qui constituent le bout-dehors, ce sera deux mains pour le bonhomme. Voilà. Le moment redouté où je me trouve quelques secondes désolidarisé de mon bateau, drame absolu du marin, est passé. À toute vitesse, j'ai « cravaté » la longe du harnais autour du brin droit de l'espar[1], et l'ai sécurisé en refermant le croc. Me voici à califourchon sur cette espèce de tangon, hors des 18,28 mètres de *Generali*. Pour mon confort, mon équilibre et ma sécurité, j'ai, avec ma jambe gauche, croché la sous-barbe[2], ce câble de carbone qui maintient le tangon pardessous, reliant la pointe au bas de l'étrave. Petit coup d'œil panoramique. Curieuse sensation. Diable ! Le bateau va vite, vu d'ici. Au boulot ! Je me laisse glisser vers la pointe du bout-dehors et ce « nez de cochon » le bien-nommé. Le brin usé est là. Je tends la main. Un à coup. Mon cœur s'arrête. *Generali*, comme mû par un gigantesque coup de pied, accélère et se cabre. Je sens la vague qui se dérobe sous l'étrave, se creuse et disparaît, comme avalée par les neuf tonnes de carbone du voilier parti en surf. Je lève les yeux, et mon regard plonge

1–Espar : synonyme : Mât
2–Sous-barbe : Câble ou chaîne maintenant le bout-dehors dans l'axe du navire et vers le bas de l'étrave.

dans l'horreur d'un mur d'écume, d'une montagne liquide qui m'attend au sortir de la glissade. Impuissance totale, absolue. Je suis la tête de proue figée d'un galion de carbone qui se précipite à plus de 18 nœuds sur un mur de béton. Je ne pense plus. D'instinct, je me recule et embrasse de toutes mes forces les barres de carbone du bout-dehors. Yeux fermés, tel un poilu au fond de sa tranchée, j'attends l'impact.

Partir en surf provoque chez tout marin un indicible sentiment d'euphorie teinté d'angoisse. En Figaro, maxi-multicoque ou monocoque Imoca[1], lorsque le bateau se trouve ainsi soulevé sur la crête d'une vague énorme, et que la conjugaison de la poussée de l'eau et de la force du vent multiplie par deux, voire par trois, et en une poignée de secondes, sa vitesse de croisière, une formidable montée d'adrénaline vient submerger le navigateur, immédiatement suivie de l'insoutenable attente de la fin d'un excès de vitesse plus ou moins maîtrisé ; car lorsque la vague propulsive arrive en bout de course, le bateau lancé à toute allure vient percuter un nouveau rideau de vagues, plus ou moins haut, plus ou moins profond. C'est l'arrêt buffet, le plantage royal dans une explosion d'écume, moment d'immersion totale où le voilier joue les sous-marins. Agrippé à sa barre, ou arc-bouté à l'intérieur de sa cabine, le marin connaît alors une terrible montée d'angoisse en pensant au formidable stress et aux contraintes endurés par sa

1–Imoca : La classe des voiliers du Vendée Globe.

monture. S'il craint pour son mât et l'intégrité de sa coque, il est cependant conforté par la relative sécurité de sa position. En ce mardi 18 décembre, 9 heures (heure française), je me trouve au plus mauvais endroit et au pire moment, accroché par la peau des dents au point le plus vulnérable du bateau. D'instinct, en un geste un peu désespéré, j'enlace, j'étreins de toutes mes forces le bout-dehors sur lequel je suis assis à califourchon, ma jambe gauche toujours accrochée à la sous-barbe. Mille sentiments désordonnés, contradictoires m'assaillent, au premier rang desquels l'absolue certitude d'avoir fauté, de m'être fait piéger par ce diable d'Indien. Je me suis cru fort, je me suis vu beau. Je vais payer mon immodestie face à Neptune. Cette vague traîtresse était à ce moment de la journée imprévisible, incongrue presque, sur cette mer qui s'aplanissait. Lancé de toute sa puissance, *Generali* plonge dans un mur d'eau. J'attends le choc, l'impact.

Et c'est une explosion, une fulgurance, un trou noir que ma mémoire n'a pas imprimé. J'ouvre les yeux. Je vois le ciel, les nuages qui courent dans le gris imparfait. Je réalise avec terreur que je suis hors du bateau. Je me balance contre le flanc tribord de l'étrave, suspendu par mon seul harnais. Sa courte longe m'a évité de tomber à l'eau, et je pends, jambes en avant, suspendu par la poitrine au bras droit du bout-dehors, le corps à quelques centimètres de l'eau. Mon bras gauche, par réflexe, agrippe la filière. J'ai mal. Mon flanc gauche. Ma cuisse gauche. Un regard, et la terreur se change en épouvante. Ma jambe présente un angle prononcé vers l'extérieur. J'ai l'impression qu'elle ne répond plus. Je sais qu'elle est cassée. J'ai entendu un craquement de bois sec. Mais je l'imagine tranchée, ensanglantée, comme si elle ne m'appartenait plus ! Des images terrifiantes défilent en patchwork accéléré et incohérent devant mes yeux exorbités, visions de sang, de paralysie, d'amputation… et de mort.

La filière avant de *Generali* est constituée de trois câbles parallèles reliés au balcon qui surplombe l'étrave, d'une hauteur de 70 centimètres. D'une seule main, d'un seul bras, mû par une confusion de sentiments contradictoires, peur, abattement, mais surtout instinct de survie, je me hisse. Le harnais, qui quelques instants plus tôt m'a sauvé la vie, bloque cette fois ma tentative de rejoindre le pont. Le crochet, sous l'impact, s'est tordu, et je peine à l'ouvrir et à me libérer. J'y parviens au terme de quelques minutes de lutte en apnée totale. Avec quelle force, quelle ressource, je ne saurais le dire. Je tombe à la renverse sur le dos, mais en sécurité relative sur le pont du bateau, et je hurle, je hurle de douleur, de culpabilité et de fatalisme. C'est un cri animal que je ne saurais reproduire, tant il cristallise la douleur, la faillite et l'abattement de l'instant. Tout est fini, terminé, sans espoir de rémission. Les idées se télescopent alors que j'hyperventile, le souffle coupé par l'effort et la douleur ; secours, fin du rêve, sauvetage, appeler Erwan... ma jambe. Je crois qu'elle est coupée. Elle ne répond plus et présente cette atroce posture tournée vers l'extérieur. Sa vue me fait hurler. J'ai peur du sang, de la fracture ouverte que mon épais ciré m'empêche de détecter. J'ai mal, et pourtant, cette douleur qui ne fera qu'empirer est encore supportable comparée à celle qui m'attend.

Le ciel bas et gris défile devant mes yeux exorbités. *Generali* poursuit, insouciant, sa marche en avant, s'enfonçant avec chaque vague un peu plus loin dans les contrées désolées du Grand Sud, s'éloignant aussi de la terre et des secours. Cette fois, je ne m'en sortirai pas seul. J'entrevois obscurément mille scénarios, mille perspectives toutes plus angoissantes les unes que les autres. Je crie encore, pour la douleur et pour chasser et refuser les pires sentiments d'abandon. Plaqué sur le dos à l'avant du bateau, le souffle court, je sais qu'il me faut rejoindre l'abri de ma cabine. Là se trouvent les clés de ma survie. Je ne pense alors ni à la nourriture ni à la chaleur relative de l'habitacle, mais à mon téléphone satellite et à l'urgence de sonner l'alarme en joignant Erwan. Erwan Steff, l'ami de toujours, qui a accepté d'embarquer avec moi dans l'aventure de ce Vendée Globe en devenant mon directeur administratif. C'est lui qui, depuis deux années, gère la vie de ma petite entreprise dédiée à la construction, puis à l'armement et au fonctionnement de mon voilier *Generali*. Il est, depuis le départ de la course, mon interlocuteur privilégié. Je sais que depuis la terre Erwan vit et respire au rythme de ma course, attentif aux évolutions des classements, prompt à m'encourager et à me conseiller. C'est surtout mon ami le plus cher, compagnon des aventures de l'enfance et des frasques de l'adolescence. Lui saura. Lui pourra. Un seul mot, et Erwan comprendra et mettra en branle la logistique que, confusément, je devine titanesque du sauvetage d'un marin blessé aux confins de l'océan Indien.

Pour l'heure, je suis tel un infirme incapable d'utiliser mes jambes. Me retourner est impossible. Il me faut ramper, mais sur le dos, en marche arrière, parcourir 15 mètres de pont pour atteindre la sécurité relative du cockpit. Mes paumes poussent sur le pont rugueux, cherchent des appuis, agrippent des bouts, des haubans, des filières. Je me sens un animal. La douleur semble avoir réduit mon champ de vision. Je ne vois plus ni voiles, ni mât, ni rien de ce qui, depuis six semaines, dictait les gestes de mon quotidien. Ce téléphone est mon idée fixe, et la marche du bateau a quitté le registre de mes obligations. Je parviens, haletant, au cockpit. Celui-ci est protégé par une

« casquette », sorte de visière mobile qui couvre et protège le poste de manœuvres. Elle borde de droite et de gauche l'espace appelé « cockpit », point névralgique où se concentrent toutes les manœuvres qui régissent la marche d'un voilier de course. Les bords surélevés de cette casquette protègent les postes de barre des embruns. Il me faut les surmonter, les escalader toujours en marche arrière, et me laisser tomber la tête la première dans l'espace sécurisé du poste de pilotage. Ma jambe, comme accrochée à un fil, suit, inerte et incongrûment angulée. J'engage le corps, pousse de mes bras et de ma jambe valide. Je glisse, au paroxysme de la douleur, mais le harnais se rappelle une nouvelle fois à mon souvenir en se coinçant de nouveau sous mon corps. Je lutte, je pousse, je tire, je crie, je glisse entre les deux gros winches, et je m'effondre enfin au fond du bateau et au seuil de la cabine. En l'espace de quel-

ques minutes, depuis le moment où je pendais à l'extérieur du bateau, j'ai dû à deux reprises trouver d'insoupçonnables ressources en force et en énergie pour remonter à bord et atteindre cet espace de travail à l'arrière du bateau. Reste à pénétrer à l'intérieur du voilier, dans la cabine à proprement parler. Je suis exténué, à bout de souffle. Un nouveau cri, hurlement d'un homme qu'on ampute à vif. *Generali* est doté d'une porte centrale pour accéder à la cabine. Il me faut franchir un petit seuil avant de me laisser tomber du haut des deux petites marches qui mènent à l'intérieur. Je reprends la lutte contre ce corps qui ne m'obéit plus qu'à moitié. J'engage le haut du buste, toujours en marche arrière, tente de sécuriser ma jambe et me laisse tomber à l'intérieur. Privé de skipper, *Generali* dévale au jugé les vagues d'un océan qui s'offre à lui sans cap ni route déterminé. Il saute, bondit et roule, sourd au surcroît de douleur qu'il m'inflige à chaque embardée.

Allongé au fond du bateau, je m'octroie une pause. La panique qui m'habite depuis mon expulsion du bateau m'accorde un répit, et je tente à nouveau d'ordonner mes pensées. Chaque geste me coûte. Je dois utiliser mes forces faiblissantes à bon escient. Le téléphone satellite est plaqué à gauche de ma table à carte. Je le fixe avec insistance et me voudrais médium, capable de bouger les objets à distance. Je suis incapable de me redresser. Il me faut rejoindre ma bannette, m'étendre du mieux possible en gardant à portée de main les outils dont va dépendre ma survie, le téléphone et, accessoirement, la commande de pilote automatique, si d'aventure mon grand monocoque *Generali* livré à lui-même se trouvait pris dans des conditions susceptibles d'accroître mes malheurs actuels. Je me débarrasse péniblement de mon harnais et enlève mon haut de ciré.

Ma bannette n'est pas très haute, et je dois m'y hisser la tête côté bâbord (gauche), afin d'avoir mes instruments sous la main. Je traîne ma jambe gauche comme un objet inerte, mais qui pourtant me torture atrocement. À la seule force des bras, je parviens à m'étendre. Le combiné est là. Un seul numéro s'impose à ma mémoire, celui du téléphone portable d'Erwan Steff. Les numéros de la direction de course sont soigneusement rangés quelque part sur la table à carte. Je ne les connais pas par cœur et je compose fébrilement le numéro d'Erwan, qui est mon seul référent à terre. Une sonnerie, deux sonneries… la voix d'Erwan… Sans un salut, je crie plus que je n'articule entre deux souffles rauques : « C'est fini ! C'est fini ! Il faut déclencher les secours ! Faut venir me chercher ! Ma jambe est cassée ! » Erwan est incrédule : « Tu déconnes ou quoi, Yann ? » Le ton de sa voix est grave, mais j'y décèle un fond de sourire que je connais par cœur. Me reviennent brutalement à l'esprit nos blagues de grands gamins, lorsque, à l'occasion de convoyages en solitaire, pour le faire marcher, je l'appelais parfois au beau milieu de la nuit, prétendant avoir démâté, juste pour m'amuser de ses réactions. En cet instant terrible, je sais que les souvenirs de ces blagues de potache lui envahissent l'esprit. Il me demande confirmation, gravement, froidement. Déclencher la grosse mécanique des secours en haute mer n'est pas chose anodine. J'entends le fracas de ses espoirs, je discerne la lutte frénétique que se livrent les émotions de mon ami, mon frère, que je viens d'appeler à l'aide si brutalement. La signification réelle et concrète de mon cri, annonce la fin du Vendée Globe, l'arrêt brutal en bordure de piste d'un rêve et de plusieurs années de travail... avec, pour Erwan, l'immense responsabilité de gérer dorénavant l'inimaginable. Dans la préparation d'un Vendée Globe, toutes les options ont été envisagées, jamais les formes qu'empruntent malheurs et catastrophes ne se conçoivent vraiment. Tous mes espoirs, toute ma confiance sont désormais en Erwan. C'est lui qui va allumer la mèche de l'immense chaîne des secours, direction de course, sauveteurs australiens médecins, famille... Il a l'expérience d'une collaboration active, lors du précédent Vendée Globe aux côtés de Denis Horeau, au sein de la direction de course.

Erwan, l'homme rare, qui sait démêler toutes les situations, est en réalité en plein Paris, dans le RER, lorsqu'il reçoit cet appel tant redouté. En ce jeudi 18 décembre, il s'apprêtait à rejoindre le siège parisien de *Generali*, mon fidèle sponsor depuis plus de dix ans, pour participer à l'animation d'une vacation spéciale à destination des collaborateurs du groupe d'assurance que je devais honorer plus tard dans l'après-midi. Mes cris, déchirants, ne lui laissent aucun doute sur le sérieux de la situation. En termes brefs, il m'assure prendre la situation en main et prévenir Denis Horeau pour lancer immédiatement la procédure de sauvetage. Il a aussi la présence d'esprit de prévenir le docteur Jean-Yves Chauve, médecin de la course, et de se préoccuper de ma famille.

Fin de la conversation. Fin de la phase active de mon propre sauvetage depuis la position de quasi-homme à la mer qui était la mienne il y a quelques instants seulement, une éternité me semble-t-il. Soulagement infini. Tempête sous un crâne. Je sais, je sens qu'un monstre va maintenant prendre possession de moi, me voler chaque souffle et chaque battement de mon cœur ; ce monstre s'appelle « Douleur ». Ah oui ! Encore une chose avant de l'affronter : *Generali* file toujours cap au sud-est, poussé par plus de 25 nœuds de vent. Il m'éloigne des secours qui viendront d'Australie, loin dans mon nord. La télécommande électronique qui gère à distance les moteurs du pilote automatique est accrochée là, au-dessus de la table à carte. Je m'en saisis. Un peu comme le boîtier de direction d'une voiture téléguidée, elle va me permettre d'agir sur le gouvernail du bateau, matérialisé par deux safrans, grandes « pelles » profilées fixées sur le tableau arrière du monocoque et qui lui donnent cap et direction. Je pianote fébrilement de mon pouce sur ce petit boîtier étanche et, de degrés en degrés, je ralentis la course du bateau, qui s'éloigne petit à petit du lit du vent, puis change tout seul d'amure, pour se trouver finalement le nez face aux éléments, étrave dorénavant braquée vers ce continent australien où, déjà peut-être, on a eu vent de ma détresse. Bordée à contre, la trinquette ne reçoit plus le souffle de l'océan de manière efficace. *Generali* est à la cape et ne progresse plus qu'à quatre ou cinq nœuds.

Je n'ai plus la notion du temps. Je m'engourdis doucement, me recroqueville, tétanisé littéralement par la douleur qui enfle. L'animal blessé que je suis devenu ne veut plus bouger maintenant qu'il a rejoint le fond de sa tanière. Une porte blindée vient de se verrouiller dans mon cerveau. J'ai puisé dans des réserves de force dont j'ignorais pouvoir disposer pour me traîner jusqu'à cette bannette de souffrance. Erwan est alerté. Fin de l'épisode. J'entre en lutte avec ma douleur. Durant les prochaines quarante-huit heures, ce combat à volonté nue et sans possibilité d'aide extérieure va accaparer toutes mes forces déclinantes, et les ressources de mon seul désir, celui de m'en sortir, et de survivre !

Je suis toujours en pantalon de ciré avec mes lourdes bottes aux pieds. Je cherche la position la moins douloureuse possible au creux de cette bannette incurvée, que seul un léger matelas en mousse isole du carbone dont elle est constituée. Mon dos me fait mal. Je crains à présent pour mes vertèbres. Mais la douleur ne se circonscrit pas seulement à ma cuisse : elle remonte dans le fessier, la hanche, et tout mon côté gauche n'est bientôt qu'une immense horreur. Sonnerie du téléphone. Je décroche fébrilement. C'est le docteur Chauve ! Il a besoin d'un descriptif plus complet de ma blessure. Je dois enlever mon ciré et me résoudre à contempler en face cette jambe dont l'étrange et anormale angulation me révulse. Je raccroche et entreprends un long et douloureux déshabillage. Après moult contorsions, je parviens à faire glisser pantalon et bottes au sol. Je porte en dessous de longs sous-vêtements polaires qui collent à la peau. Je réalise que je n'aurai pas la force de les enlever. En tournant la tête vers la droite, j'aperçois l'espace cuisine avec, suspendu au plafond, le petit bac à ustensiles. En tendant le bras droit, et après quelques tâtonnements, j'agrippe une paire de ciseaux et ouvre la polaire sur toute la longueur de ma cuisse. Pas de sang, mais une cuisse enflée comme un ballon de football, avec cet angle écœurant vers l'extérieur. Je rappelle Chauve. Confirmation de la fracture, avec les os brisés qui se chevauchent et irritent les chairs. Les muscles de ma cuisse gauche brisée se rétractent et accentuent mon inconfort. À l'aide de mon pied droit, je ne vais avoir de cesse, de demi-heure en demi-heure, de pousser sur mon pied gauche, comme pour retendre les muscles qui se contractent et accentuent l'horrible frottement des os brisés.

Médecin de la course au large depuis deux décennies, Jean-Yves Chauve, que je connais bien, est en son for intérieur très alarmé. Ma voix, mes cris, mon essoufflement traduisent l'exigence d'un traitement d'urgence. Jean-Yves m'exhorte à aller coûte que coûte récupérer mes médicaments. Je m'énerve. Respirer, parler m'est pénible. Je ne peux ni ne veux plus bouger le moindre cil ! Comment trouver la force d'aller quérir au fond du bateau les trousses à pharmacie dont je sais pourtant qu'elles contiennent tout le nécessaire pour me soulager ? Pour moi, la phase active est terminée. Je m'en remets entièrement à Erwan, à la direction de course, à mon partenaire *Generali*, qui je le sais fera l'impossible pour abréger mon calvaire. Erwan m'appelle régulièrement. J'attends désormais de lui des réponses précises quant au déroulement des opérations de sauvetage. Dans ma fragilité grandissante, j'imagine l'arrivée d'un hélico, et songe à un hélitreuillage qui m'emmènerait sans coup férir et en quelques heures vers une salle d'opération. Cesse de rêver Eliès ! Tu es à 800 milles – près de 1 500 kilomètres – de toute terre habitée. Le calvaire ne fait que commencer ! La panique me vient par bouffées. Je ne suis pas médecin. Je crains de perdre ma jambe. Mes douleurs au dos m'inspirent aussi de sinistres pensées de paralysie à venir. L'alerte est donnée, oui, c'est bien, c'est très bien… Mais ai-je en moi les réserves de vie pour tenir ? Quelles dégradations sournoises de mon état de santé m'attendent ? J'attrape un sac de couchage mouillé qui est à portée de main et m'en couvre du mieux possible.

Nous sommes le jeudi 18 décembre 2008 ; la matinée s'avance doucement là-bas, en France, à des années-lumière de ma bannette de douleur, et je réalise que, pour la première fois de mon existence, j'ai véritablement peur pour ma vie.

CHAPITRE II

LITTLE BIG MAN

Un matin comme les autres en banlieue parisienne. Drôle d'endroit pour un Breton ! Erwan Steff, directeur administratif du team *Generali*, arpente les quais du RER, direction le siège social du groupe d'assurance, mon partenaire « historique ». En ce jeudi 18 décembre, et comme chaque semaine depuis le départ de ce Vendée Globe sixième du nom, une vacation téléphonique est organisée entre les collaborateurs du groupe et moi-même. Erwan y tient son rôle de chef de projet, expliquant, décortiquant, analysant pour les néophytes passionnés les mille et un mystères d'un sport fascinant et qui excite les imaginations. Un train s'avance. Erwan s'apprête à y monter quand la vibration du téléphone l'interrompt. Le numéro du téléphone Iridium du monocoque *Generali* s'affiche. Toutes affaires cessantes, Erwan, mon pote de toujours, décroche. Pauvre Erwan ! Quel maelström j'ai déclenché ce matin-là dans sa tête ! En une fraction de seconde, celui qui me connaît au moins aussi bien que mes parents, va basculer du rêve éveillé d'un beau projet de course autour du monde au cauchemar d'un marin, d'un ami en perdition au bout du monde. Il reconnaît à peine ma voix, et son « Yann ? » interrogatif traduit d'emblée la perplexité inquiète qui l'envahit. Ma voix, mon souffle et les mots terribles que je lui halète à l'oreille ne suscitent pas la panique, mais une vague incrédulité. Ces mots, ces intonations déformées par un mélange pathétique de sanglots et de râles portent la marque du cauchemar éveillé, du scénario redouté qui hante les nuits des hommes de l'ombre qui depuis la terre, à l'instar d'Erwan, veillent sur les marins seuls en course aux confins des océans. Cet appel, cette alarme signifie la fin du rêve, la fin de la magie du sport et de l'aventure. Il signifie que le pire est là, qu'il faut l'affronter, avec calme et professionnalisme. Erwan a, durant plusieurs années, assumé la responsabilité de la sécurité d'un important centre de parachutisme en Espagne. Il identifie d'emblée, au son de ma voix, le caractère sérieux de la situation. Tenir la main d'un homme blessé, il connaît ! À un message tout en stress et en tension, il répond par le calme et une froideur qu'il est à mille lieues de ressentir. À trois reprises, je lui crie du fond de ma détresse : « Il faut venir me chercher ! » M'imaginer totalement figé par la douleur lui est à cet instant impossible. Il tente de me proposer des solutions rationnelles, des formules destinées au marin que je ne suis plus. Je l'interromps, au bord des larmes : « Erwan, je ne peux pas bouger ! Il faut déclencher les secours ! » Erwan me connaît. Ces derniers mots sonnent dans son esprit cartésien le glas de la logique de course. Il bascule avec moi dans la réalité d'une détresse qu'il va falloir transformer en opération de sauvetage. Son cerveau passe la surmultipliée et scanne en un instant la longue chaîne des procédures d'alerte à mettre en place. Prendre les choses dans l'ordre. Hiérarchiser les priorités… et me soutenir. Il tente de me calmer. Ses mots sont secs, directs : « Souffle, Yann, reprends ta respiration… » Mon impatience, qu'exacerbe la douleur extrême, balaie toutes les options que, dans son ignorance des détails de mon accident, il tente de me proposer : arrêter le bateau, affaler les voiles… « Erwan !!! Je ne peux pas bouger ! » Ça y est ! Erwan, « P'tit Steff », comme je l'appelle affectueusement, a compris. Il est 9 h 23, et toute une mécanique va se mettre en marche. Erwan me rassure et, d'une voix grave et décidée, me lâche les seuls mots que je veux entendre : « Je déclenche les secours ! » Fin de l'échange le plus dramatique et le plus redouté que j'aie jamais eu avec un être qui m'est cher. Une minute et vingt-deux secondes d'appel au secours depuis l'autre extrémité de la planète. Sur son quai de RER, dans le froid d'un petit matin de l'hémisphère Nord, Erwan est à cet instant, un peu comme moi, parfaitement seul au monde. Il a reçu tout seul, et de plein fouet, la violence de mon accident. Charge à lui d'en mesurer, d'en calculer et d'en assumer les conséquences. Il prend quelques minutes pour réfléchir, chasser tout semblant de regrets et d'émotions qui pourrait entraver son jugement et ses prises de décision. Tant de choses à gérer, tant d'appels urgents à effectuer sans perdre une seconde, et tout cela depuis un train de banlieue ! Premiers appels pour Jean-Yves Chauve, médecin officiel de la course, et Yves Lambert, le doc qui me suit depuis mes années en Figaro. Puis appel vers Denis Horeau, directeur de course du Vendée Globe. Là encore, pas de palabres inutiles. Les faits, et rien que les faits. Denis connaît parfaitement Erwan, qu'il surnomme affectueusement « Little Big Man » tant il respecte la réactivité et le professionnalisme de mon homme de confiance. Denis a depuis de longues années, comme directeur de course du Vendée Globe, bien sûr, mais aussi de la Solitaire du Figaro, rodé et expérimenté un certain nombre de procédures de mise en place de secours d'urgence. Cette urgence-ci porte la « griffe » Vendée Globe en ce qu'elle se situe en un point presque inaccessible de la planète, loin des routes maritimes, et au-delà de l'autonomie des avions capables de porter assistance à une embarcation et à un marin en péril. Denis prend immédiatement contact avec les MRCC[1], équivalents australiens de nos Cross, centres régionaux opérationnels de surveillance et de sauvetage, qui assurent une mission générale de sécurité maritime, dans le cadre de l'action de l'État en mer. Ils font partie du réseau international des centres de coordination de sauvetage maritime institués par la convention SAR[2] de l'Organisation maritime internationale. Mon *Generali* évolue en limite des zones de responsabilité australienne et des moyens français

1–MRCC : Maritime Rescue Coordination Centres.
2–SAR : International Convention On Maritime Search And Rescue.
Elle définit une approche internationale de la recherche et du sauvetage en mer.

de l'île de la Réunion. Les Réunionnais reçoivent aussi le message d'alerte et examinent immédiatement l'état de leurs ressources en navires hauturiers disponibles. Le Vendée Globe dispose auprès des autorités australiennes d'un homme « à lui », David Adams, Australien bon teint, spécialement missionné précisément pour servir de relais sur place dans les cas d'urgence. Le grand David reçoit son coup de fil d'alerte à 9 h 32 et démarre aussitôt ses démarches en direction des organismes de secours australiens. En quelques minutes, la filière internationale des secours est constituée. Elle part de Paris, transite par les Cross de France et de la Réunion et se démultiplie de Canberra à Fremantle, en Australie. Très vite, il apparaît que les moyens australiens sont les plus proches et seront les plus efficaces.

Erwan est à présent tout près du siège de *Generali*, à Saint-Denis. C'est là que débutera la reconquête, la construction de la grande chaîne d'aide et de solidarité qui me ramènera vers les miens. Erwan s'engouffre chez notre fidèle partenaire et prend immédiatement à part Jean-Luc Lazaro, chef du projet au sein de *Generali*. Sans précaution oratoire, il lui livre l'information brute de décoffrage. Professionnel jusqu'au bout des ongles, Jean-Luc ne bronche pas. Il prend immédiatement sa place dans l'édifice, celui d'intermédiaire entre le groupe, sa direction, sa communication, ses collaborateurs et Erwan ; P'tit Steff, Little Big Man, sera désormais mon seul et unique interlocuteur. Je crains d'être assailli de coups de fil inquiets auxquels je ne saurais que renvoyer l'écho de ma détresse.

Erwan doit à présent rejoindre au plus vite le poste de commandement du Vendée Globe, installé depuis le départ du 9 novembre sur le parvis de la tour Montparnasse. Erwan plonge plus qu'il ne saute dans un taxi. Il est 10 h 15 du matin. Téléphone portable vissé à l'oreille, il profite de sa traversée de Paris pour continuer la douloureuse tournée de distribution de l'info. Mes parents d'abord, mon père, Patrick, grand marin vainqueur en son temps de la course de l'Aurore. Pauvre papa ! J'imagine la violence avec laquelle cette nouvelle doit le frapper ! Ma femme, Soizic, ensuite ! Charge à elle de gérer nos deux enfants, Marie et Titouan. Mon équipe de communication aussi. J'imagine les précautions oratoires, choix des mots, choc du topo. Rien ne doit filtrer à la presse avant que tous mes proches ne soient préalablement informés des faits tels qu'ils sont, à cet instant, disponibles. Hors de question qu'un être cher n'apprenne au détour d'un flash radio ma condition de blessé au milieu de nulle part !

Le PC Course du Vendée Globe concentre tous les responsables de la course, toutes les énergies qui nuit et jour suivent, observent, analysent non seulement la course, mais la vie et le comportement des trente navigateurs solitaires engagés dans la plus ultime des aventures maritimes, un tour du monde à la voile, en solitaire, sans escale et sans assistance. Les moyens de communication modernes favorisent ce travail de tous les instants. Les positions de chaque voilier sont relevables à tout moment par Denis Horeau et son équipe. Si cinq relevés sont accessibles chaque jour aux médias et au public, le directeur de course peut lui, à tout moment, interroger le satellite et récupérer en temps réel la position, mais aussi la vitesse de chacun des concurrents et le cap qu'il suit. Tout comportement « anormal », vitesse étonnamment faible ou cap incohérent, est ainsi instantanément détecté, permettant un examen minutieux de la situation et, le cas échéant, une interrogation, voire une intervention auprès du skipper concerné. Le grand monocoque *Generali*, qui affichait peu après 9 heures (heure française) une vitesse de 12 nœuds, cap au sud-sud-est, a brutalement changé de direction et fait à présent route au nord-ouest, à petite allure. Mon empannage « à l'arrache » a instantanément été détecté, confirmant sur la cartographie de la course l'anormalité de ma situation. Ces éléments sont immédiatement transmis à toutes les parties concernées, Cross, MRCC, David Adams…

La cellule de crise du Vendée Globe s'est rapidement mise en place. Denis Horeau délègue à l'une de ses équipes la poursuite du suivi normal de la compétition et des dix-neuf autres voiliers encore en course. Dix navigateurs ont en effet, à ce moment de la course, déjà jeté l'éponge pour diverses raisons, toutes d'ordre mécanique. En compagnie d'Alain Gautier, navigateur émérite, ancien vainqueur du Vendée Globe et « monsieur Sécurité » de l'épreuve, Horeau concentre toute son attention à la gestion de mon sauvetage. Déjà, les premières solutions s'ébauchent. On parle hélico, mise à l'eau d'un radeau de survie, détournement de bateaux sur zone. Mais le sang-froid et le pragmatisme de ces hommes de mer prennent vite le dessus. Les hypothèses de travail les plus excentriques sont vite balayées. Denis et Alain, quand Erwan fait son entrée au PC Course, ont le nez plongé dans les cartes. Aux confins des mers les moins fréquentées de la planète, nul besoin de chercher sur les routes du commerce maritime le Bon Samaritain du jour. C'est au sein même de la flotte des compétiteurs du Vendée Globe qu'il faut désigner le marin le plus à même de me porter secours. Vincent Riou semble le plus proche, mais son PRB est déjà bien décalé à l'est. Denis Horeau l'appelle pour le mettre en alerte. Le tenant du titre, vainqueur en 2005, se débat dans 45 nœuds de vent. Manœuvrer et faire demi-tour pour recevoir de plein fouet la dépression n'est guère raisonnable. Vincent veut rester à disposition, mais Horeau ne veut en aucun cas risquer le sur-accident, et mettre en danger un marin pour un autre. Il est 11 h 20. Le directeur de course joint Marc Guillemot, qui ne pose aucune question. Il détourne immédiatement son *Safran* et fait route vers moi. Marco est à 120 milles dans mon sud-ouest. Ballast[1], virement de bord, le marin de La Trinité pare au plus pressé. Ce n'est qu'après avoir complété sa manœuvre qu'il rappelle le PC Course pour apprendre les détails de mon accident et prendre la mesure de ma détresse. Sa seule question concerne Vincent Riou, qu'il sait plus proche de ma position. Il comprend vite

1–Ballast : Compartiment ou réservoir servant de lest d'équilibrage en étant rempli ou vidé d'eau.

que Vincent ne pourra pas faire demi-tour, et qu'à lui seul incombe la charge de se porter à mon secours, car il bénéficie d'un régime de vent plus favorable pour atteindre ma position. « En virant de bord, je savais que ma course était finie », me confiera-t-il plus tard. Sacré Marco ! Attachant Marco ! Grand marin, riche de décennies d'expériences maritimes sur toutes sortes de prototypes de course au large, à une, deux ou trois coques. Le jour de l'an 1985, c'est lui qui est dans la posture terrible du marin naufragé, blessé, et en grand danger de mort. Le grand catamaran *Jet Services IV* qu'il convoyait en compagnie de cinq autres marins a chaviré dans la tempête au large du cap Finisterre. Marco s'est retrouvé coincé sous l'eau entre le mât et la plate-forme du multicoque. Par miracle, et lui aussi par la force décuplée que confère l'instinct de survie, il est parvenu à remonter sur les filets du catamaran renversé. Il y a retrouvé quatre de ses équipiers. Le cinquième, Jean Stavanet, a disparu à jamais. Marco était à cet instant, comme moi, au comble de la souffrance, jambes et bassin broyés. Son calvaire durera trois jours avant qu'un hélicoptère de la marine espagnole ne vienne enfin le délivrer. Sans états d'âme, parce qu'il a inconsciemment senti l'urgence d'une situation dont il ignore les détails, il met sa course entre parenthèses et ses légitimes ambitions au placard. Déçu par un début de course en-deçà de ses aspirations, il avait pourtant entamé dans l'Océan Indien une belle reconquête, poussant les performances de son magnifique *Safran*, et jouant les funambules sur des trajectoires en limite sud des zones de glace.

Au moment où il se déroute, il vient à grand-peine de placer son plan VPLP-Verdier[1] sur une piste qu'il sait conquérante, dans un filet de vent idéal en force et en direction pour tirer la quintessence de son monocoque gris acier. Tout cela en vain. Guillemot au grand cœur n'en nourrit nul regret. Il cale sa route sur la position de mon *Generali* et n'a plus qu'une idée en tête, me retrouver au plus vite.

Dans le même temps, les échanges avec Canberra et les autorités australiennes prennent un relief nouveau. Le docteur Jean-Yves Chauve, avec qui j'ai pu converser, a transmis aux Australiens un rapport non seulement sur mon état, mais sur les perspectives de dégradation qui me guettent. Plusieurs facteurs l'alarment, et il en fait un écho circonstancié qui va précipiter les décisions australiennes. Tout d'abord, Jean-Yves a vite réalisé dans quel état d'absolue immobilisation je me trouvais. Tout espoir de participation active de ma part à mon propre sauvetage est rapidement exclu. On ne sautille, ni ne rampe, ni n'opère un radeau de sauvetage avec un fémur en deux morceaux. Malgré ses exhortations, il a vite réalisé aussi que ma prise de médicaments et de nourriture était problématique, pour ne pas dire, là encore, impossible. Pour Jean-Yves Chauve, le message aux Australiens est limpide et tient en trois mots : « Life threatening Emergency. » Je suis en danger de mort. À la question de l'échéance, Chauve répond : « Trois jours. »

1–VPLP-Verdier: Les architectes du bateau *Safran* ; Van Petteghem, Lauriot-Prevost, Verdier.

La chaîne de solidarité se déploie à la vitesse grand V. Des médecins se proposent. Armel Le Cléac'h, proche de Riou et lui aussi aux prises avec la tempête qui l'éloigne de moi, propose son assistance. Elle est refusée. Trop dangereux. La jeune navigatrice britannique Samantha Davies, qui évolue dans l'ouest de Marc Guillemot, est en revanche sollicitée. Elle met elle aussi et sans rechigner cap au nord-est. Inquiète, concernée, elle va cravacher sur son Roxy comme l'Anglaise têtue qu'elle est pour venir à mon secours. Et parce que la solidarité des hommes de mer ne connaît pas de frontières, c'est le marin suisse Dominique Wavre, pourtant en situation d'abandon suite à de graves problèmes de quille, qui est aussi appelé. En vain. Son monocoque, Temenos, ne répond pas.

12 h 50. L'intervention du docteur Chauve a électrisé les Australiens. En l'absence de balise de détresse très « officiellement » déclenchée, c'est son rapport qui va achever de les convaincre de l'urgence de la situation. Les balises de détresse sont fixées à l'intérieur de *Generali*, en un coin accessible à tout homme valide, mais qu'il m'était impossible d'atteindre avec ma jambe brisée. Mon salut passait par un, et un seul appel, téléphonique, à destination d'Erwan. Au vu du rapport de Chauve, le MRCC Canberra demande à la marine australienne de dépêcher un navire sur zone. La réponse de la Navy est déconcertante de rapidité et d'efficacité : une frégate pourrait appareiller dès 20 heures ce même soir, soit en un laps de temps d'à peine huit heures. En cette semaine précédant

Noël, les équipages sont pourtant en repos, et les navires en poste à Fremantle sont en sous-effectifs. Et il faut encore trouver un médecin. Je suis alors à près de 800 milles de ce port situé dans l'ouest du continent australien. Les militaires tablent sur deux jours de navigation avant de me retrouver.

Alain Gautier active de son côté ses contacts dans l'hémisphère Sud. Ancien équipier de son trimaran, Philippe Péché est un navigateur reconnu qui a choisi de s'établir en Australie. Il se trouve précisément à Perth, appelé par les équipes de Loïck Peyron et Mike Golding, tous deux victimes de démâtages voici seulement quelques jours et qui s'en remettent à sa connaissance de l'Australie pour les aider à rapatrier leurs monocoques amputés. Philippe Péché est accompagné de la navigatrice suisse Kiny Parade. Les deux marins se proposent d'embarquer à bord de la frégate australienne afin de prendre en charge mon *Generali* sitôt que j'aurai été évacué.

Philippe de Villiers, président de la société d'économie mixte propriétaire du Vendée Globe, ne transige pas quand la vie des marins de sa course emblématique est en jeu. Il a rapidement pris la mesure de l'urgence de la situation et, parallèlement aux démarches de David Adams, a mis en branle la machine diplomatique. Directeur de cabinet de la présidence de la République française, ambassade d'Australie en France, ministère des Affaires étrangères puis ambassade de France en Australie subissent ses assauts téléphoniques empressés. De Villiers déclenche la mise en place d'une collaboration internationale au plus haut niveau. Monsieur Michel Filho, ambassadeur de France à Canberra, assure Denis Horeau de sa complète collaboration. C'est bientôt le commander de la Navy australienne qui prend les affaires en main. Il désigne la frégate *HMAS Arunta*[1] pour exécuter la mission de mon sauvetage. Il est à peine 15 heures à Paris. Moins de six heures après mon accident, une chaîne de solidarité se déroule avec ampleur et travaille en harmonie à Paris, Canberra et Perth. On pense à ma survie et on œuvre à mon sauvetage. Marco fonce dans l'Océan Indien, suivi de Sam. À Perth, les moteurs de l'*Arunta*, frégate de 180 mètres, chauffent. Ses deux cents hommes d'équipage prennent leur poste. On attend le médecin pour appareiller. Philippe Péché et Kiny Parade sont à quai et n'attendent qu'un mot du commandant de bord pour embarquer. Cette question cruciale devient vite épineuse. Le commandant australien ne souhaite s'en tenir qu'aux ordres stricts de sa mission, qui consiste à sauver un marin en perdition. Il ne se sent pas concerné par le sauvetage et la récupération d'un bateau. Les tractations vont bon train, et les insistances sont fortes du côté français. Restent deux interrogations. L'*Arunta* est-il médicalisé, et dans quelle mesure ? L'état de mon fémur brisé et les dégradations de mon état inquiètent Jean-Yves Chauve. Il craint l'hémorragie interne, et l'embolie. Denis Horeau et la direction de course attendent la confirmation de la présence ou non d'un hélico à bord. Hommes de mer, Denis et Alain Gautier, avec Erwan

1–HMAS Arunta : Her Majesty Australian Ship Arunta

omniprésent, élaborent déjà les scénarios de mon sauvetage. Ils savent la mer forte, mon voilier de carbone fragile au contact d'autres embarcations. M'hélitreuiller supposera probablement de démâter mon voilier… En un regard, ces solutions déjà envisagées avant le départ lors de briefings sécurité sont évacuées. Ils me savent incapable de coopérer. Les sauveteurs australiens devront être médecins, marins et professionnels.

L'après-midi de ce sinistre 18 décembre avance. Si les réponses, encourageantes, affluent, les questions semblent proportionnellement augmenter au fur et à mesure. Quelle intervention Marc Guillemot, attendu sur zone au petit matin, sera-t-il en mesure de réaliser sans se mettre lui-même en danger ? Comment les marins australiens, qui ignorent tout d'un voilier de course, comptent-ils me débarquer ? Et pour moi, la question lancinante, oppressante, de l'échéance, de la fin du calvaire : combien de temps encore me faut-il serrer les dents et lutter contre un mal qui ne me laisse plus aucun répit et auquel s'ajoutent à présent, pernicieuses, entêtantes, la faim et la soif ?

Une paisible pénombre a envahi mon *Generali*. Mon voilier, mon beau bateau. Il n'est plus ce vaillant et fougueux coursier que je menais du bout des doigts. Il est l'antre où je cache ma souffrance. Il est 15 heures à Paris. La nuit est tombée ici, et *Generali* tente de me bercer, progressant doucement dans un vent qui faiblit, porté par une grosse houle qui ne me soucie plus. J'ai cessé de penser, de vivre « bateau ». La douleur a tout balayé et m'a ramené avec une incroyable brutalité au niveau zéro de la civilité et de l'humanité. Seules comptent pour moi les fonctions primaires de la vie, respirer, soupirer, maîtriser les battements de mon cœur et trouver mille et un moyens d'oublier la douleur. Uriner aussi. Mais le mal est le plus fort et prend à présent tant de visages. C'est mon bassin qui me torture avec insistance. Pas de doute. Il y a là aussi quelque chose de cassé. Ce n'est pas possible autrement. Ma bouche est sèche, pâteuse. C'est la soif. Nouvelle terreur. À l'instar de mes « médocs », l'eau et la nourriture me sont totalement inaccessibles. Comment tenir sans nourriture ni eau ? Mes sacs de rations quotidiennes contiennent toutes les calories nécessaires. Mais ils sont soigneusement rangés et servent au matossage[1] du bateau, à la répartition calculée des poids de part et d'autre de la coque pour équilibrer le centre de gravité du voilier en fonction de l'axe du vent. Les contorsions qu'il me faudrait accomplir pour y accéder me paraissent relever d'une autre vie. Fiévreusement, animalement, je fouille et disperse le contenu du bac de cuisine d'où j'ai extrait un peu plus tôt ma paire de ciseaux. J'empoigne une forme ronde : c'est la petite fiole en plastique de jus de citron concentré dont je me sers pour relever certains plats. Elle n'est qu'à moitié pleine, mais ces premières gouttes liquides me procurent un immense bienfait. J'attends avec impatience le prochain

1–*Matossage :* Action de déplacer le matériel du bord ou les voiles vers le bord au vent du voilier afin de diminuer l'angle de gîte.

appel d'Erwan. Little Big Man ne tarde pas. Sa voix est calme, chaleureuse aussi. En quelques mots, il me résume les dernières heures. Pas de certitudes encore ni sur un bateau ni sur un hélico. Une question le taraude. Il y vient sans ambages. Ai-je pu atteindre ma boîte à pharmacie ? À ma réponse négative, il s'alarme, cherche ses mots pour m'encourager, m'explique les processus de déshydratation qui me guettent… Je secoue la tête. Un peu, très cassant, je rejette en bloc toute idée de bouger ne serait-ce qu'un orteil. Au comble de l'impuissance, Erwan raccroche. Il m'a dit tout ce qui pouvait apaiser mon imagination alarmée, les contacts pris, les autorités en alerte, les compétences sollicitées, les perspectives de sauvetage de moi-même et de mon bateau, si Kiny et Philippe parviennent toutefois à embarquer… Quelque peu rassuré, je m'enfonce un peu plus dans la torpeur, seule défense que sécrète mon organisme torturé.

Le PC Course du Vendée Globe à Paris est devenu une ruche d'activité. Côté organisation, la cellule de crise réunie autour de Denis Horeau et Philippe de Villiers comprend désormais, outre Alain Gautier et Erwan Steff, toute l'équipe de la communication de *Generali*, avec sa directrice, Marie-Christine Lanne, Jean-Luc Lazaro, Fabrice Thomazeau, conseil en communication de l'agence Mer & Media, et des équipes chargées des relations avec la presse. Celle-ci s'est déplacée en masse. Le Vendée Globe a aussi bâti sa légende sur les drames humains qu'il a générés. La course passionne, la compétition excite, mais la détresse d'un marin cristallise tous les imaginaires nés de lectures d'anthologie, de Jules Verne à Stevenson, Forester ou Van Dorp. Loin, là-bas dans ce Grand Sud que si peu de Terriens visualisent vraiment, entre Australie et Antarctique, dans ce pays de l'ombre où planent albatros et fantasmes, un homme souffre, seul, livré à lui-même et aux éléments. Cet homme, c'est moi, qui paie cash l'instant, la seconde où, me croyant athlète, j'ai oublié d'être marin. Un coup d'œil vers mes répétiteurs m'apporte deux informations rassurantes : le vent mollit sérieusement, une vingtaine de nœuds seulement. Et mon *Generali*, mal toilé, mal réglé, progresse pourtant gentiment vers le nord, vers l'endroit d'où inéluctablement, je le sais, arriveront les secours. Le téléphone sonne de nouveau : « Erwan ? » Little Big Man a des nouvelles ! Une frégate australienne médicalisée a quitté Fremantle à 18 heures heure française. Et Marc Guillemot progresse vers moi à bonne vitesse… Les questions se bousculent… Je réalise que j'ai du mal à les formuler : la frégate ? Quand arrivera-t-elle ? Et Marco, que pourra-t-il faire ? Je ne comprends pas… Erwan explique, patiemment, sans émotion apparente. Je voudrais avoir sa force… La frégate s'appelle *Arunta*. Elle devrait arriver sous quarante-huit heures. Quarante-huit heures… Ces mots résonnent à vide. Est-ce long ? Est-ce court ? Y a-t-il une échelle de la douleur pour quantifier quarante-huit heures de vie avec un fémur dont les pointes brisées vous déchirent les chairs ? Il n'y aura pas d'hélico. Deux médecins sont à bord. Philippe Péché et

Kiny Parade n'ont pas obtenu l'autorisation du commandant de monter à bord... Ils restent à quai. Mais alors, mon bateau ? Je ne pense plus. Tout cela est sûrement très bien. Je choisis une nouvelle fois de m'en remettre entièrement à Erwan et aux équipes mobilisées en France et en Australie pour me porter secours. Un dernier mot d'Erwan : Philippe « Philoun » Laot prend un avion ce soir pour l'Australie.

CHAPITRE III

Marco, Saint Bernard des mers

Ai-je sombré, somnolé, divagué… Je ne sais. Dormi, sûrement pas. Aucune des centaines de postures essayées depuis que j'ai rejoint ma bannette ne m'a véritablement soulagé au point que je puisse envisager le sommeil, le vrai, celui de l'oubli, de l'anesthésie du corps et de l'esprit. Le dernier appel d'Erwan m'a apporté l'information que durant toute cette terrible journée j'ai attendue : un navire, une frégate, militaire de surcroît, est en route pour me sauver. Les Australiens, hyper-réactifs, n'auront eu besoin que de huit heures pour mettre en alerte, avitailler, équiper, rassembler les personnels et finalement envoyer un navire de 180 mètres de long et deux cents hommes d'équipage. Cette frégate tient ses 18 à 20 nœuds, me dit Erwan. Près de deux jours de route en perspective, cap au cœur de l'océan Indien, pour ces marins australiens. Marc Guillemot devrait les devancer. Son monocoque, *Safran*, pourrait me rejoindre demain dans la matinée. Je ne conçois pas une seule seconde comment, seul sur son grand monocoque similaire au mien, il pourra me porter secours. Une telle manœuvre d'abordage en haute mer entre deux prototypes de course requerrait l'habileté d'une demi-douzaine de marins aguerris, équipés et largement servis par la chance. Marc ne va tout de même pas abandonner son prototype pour monter à bord de *Generali* ? Une telle manœuvre serait pure folie. L'abordage pourrait être fatal à nos deux voiliers. Les soubresauts de l'océan, que je perçois clairement, ne permettront pas une approche en douceur, et Marco lui-même pourrait faire les frais d'une entreprise aussi téméraire, ajoutant le drame au drame. Pourtant, l'idée de le savoir si proche, fonçant de toute son immense détermination vers moi, pour moi, me fait un bien gigantesque. Au-delà de la douleur, l'immensité du désert qui m'entoure, parfois si oppressante lorsque l'on se tient valide et gaillard sur le pont, prend avec la nuit des atours effrayants. Agrippé à ma bannette, je suis au paroxysme de l'impuissance, voguant sans but au gré d'un voilier sans maître… Savoir qu'un homme, un marin que je respecte, accourt toutes affaires cessantes pour moi provoque une étrange émotion, mélange de reconnaissance et d'incrédulité. Une longue nuit s'avance, sans trop de signification pour moi qui n'ai plus la notion du temps. Je pense aux miens, à mes parents, ma femme, mes enfants. J'imagine Erwan scotché devant quelque écran d'ordinateur. Il ne quittera pas de la nuit le PC Presse, centre névralgique catalyseur d'informations et d'énergie. Lui aussi pense à Marco. *Safran* devrait m'avoir en visu avant minuit heure de Paris, soit au petit matin pour moi.

J'ai rassemblé autour de ma bannette tout ce qui importe le plus à ma survie. Dérision du dérisoire. Ce duvet à moitié trempé, cette demi-fiole de concentré de jus de citron, un fond de tube de lait concentré, et cette partie tout électronique de mon bateau, le cerveau de *Generali*, avec la commande des pilotes automatiques, seul moyen qu'il me reste de maîtriser un tant soit peu la marche de mon voilier, et les outils d'information et de communication, radio VHF et téléphone satellite. Ces liens vers la civilisation ont pourtant besoin d'énergie. L'électricité, à bord d'un bateau de course au large, se fabrique à partir d'un simple moteur. À raison de une à six heures chaque jour, le marin démarre son diesel, qui est bien entendu désolidarisé de son hélice propulsive. Les 30 chevaux de puissance chargent alors des batteries. Les énergies propres ont fait de formidables progrès, et les panneaux solaires ainsi que la bonne vieille éolienne apportent leur quota significatif à la charge des réserves en électricité. Les miennes sont pour l'heure quelque peu entamées. J'ai la présence d'esprit, sur les conseils de l'omniprésent Little Big Man, de les économiser. Je réduis en conséquence la consommation du bord en coupant toute lumière, radar et ordinateur, gros consommateurs d'énergie. Je ne garde que l'alimentation du téléphone. Seule la lueur blafarde d'une nuit sans lune me parvient par la porte toujours ouverte de la cabine. *Generali* livré à lui-même roule sur l'Indien, penaud, tête baissée, comme s'il avait conscience du sacré coup de vache qu'il m'a asséné. Comme pris de remords, il me ramène doucement vers mon salut. Au tout petit trot, il avance bien, et Marc Guillemot doit en permanence s'enquérir auprès de la direction de course de ma position. L'*Arunta* file plein sud, et Guillemot fait du nord. Le grand bateau de guerre et le voilier de course cinglent vers moi.

À Paris aussi on attend. Le rôle de Guillemot n'est vraiment clair dans la tête de personne. Que pourra-t-il vraiment effectuer d'efficace, seul à la barre de son propre voilier de course ? Et pourtant, chez chacun des protagonistes de cette chaîne de sauvetage, son arrivée sur zone suscite d'heure en heure, de minute en minute, une attente réelle, une impatience. Marco sera dans quelques heures les yeux et la voix témoins d'un drame que chacun a, depuis le matin, imaginé, visualisé, fantasmé sans véritablement savoir. Bientôt, très bientôt, la solitude d'un voilier en détresse et livré à lui-même apparaîtra, retranscrite par le regard et les mots de Guillemot, mise en images par sa caméra. Peu avant minuit heure de Paris, Marco envoie le message tant attendu : « *Generali* en vue. » Quelques mots dont les échos suffisent à briser la tension palpable chez tous mes proches, à Paris, et au cœur de ma chère Bretagne.

Marco, distant le matin d'environ 120 miles, aura en définitive parcouru près de 170 milles pour me retrouver. Mon *Generali*, sous-toilé et livré aux caprices de la houle et du vent, ne l'a pas attendu. Un premier écho radar a jeté Marc hors de son cockpit, jumelles à la main. Depuis, il ne quitte plus du regard la silhouette sombre de mon bateau. Il se rapproche petit à petit et envoie un message à la direction de course. « Je vois *Generali.* » Cette information se répand comme une onde de choc à travers le PC Course de la tour Montparnasse. Fantomatique, *Generali* lui apparaît dans un matin uniformément et désespérément gris. Sa configuration interpelle d'emblée le marin averti qu'est Guillemot. *Generali* a tout du vaisseau fantôme, un « flying dutchman » futuriste sous-toilé, avec sa grand-voile à trois ris prise dans la bastaque, preuve que le bateau avait empanné, changé d'amure de manière intempestive, sans que la tension ait été reprise dans cet étai mobile destiné à tenir le mât sur l'arrière. Trinquette à contre, non bordée. Marco réalise facilement qu'il s'agit bien là d'un bateau délaissé, qu'une force supérieure a privé de son pilote. 23 h 20, heure de France ; *Safran* est au vent de *Generali*, à moins de 100 mètres. Je ne le vois ni ne l'entends. Grésillement de la VHF. La voix de Marco. Il est tout à son excitation. Vaseux, je bredouille quelques mots. Mes paroles sonnent creux. Je ne le vois pas, et sa présence a encore quelque chose de virtuel. Je ne comprends pas ce qu'il espère entreprendre. Un abordage serait une hérésie à l'encontre des lois de la mer. Tout à mon engourdissement intellectuel, seul refuge à ma douleur, je bâcle ce premier contact.

Étrangeté du destin, bizarrerie de la vie, Guillemot, le

naufragé du 31 décembre 1985, se trouve aujourd'hui dans la peau du sauveteur. Mon calvaire l'a renvoyé à son propre chemin de croix, à ces trois jours et trois nuits d'horreur, jambes et bassin brisés sur un catamaran retourné, à attendre au bord du coma l'hélitreuillage par la marine espagnole. C'est lui qui se trouve aujourd'hui dans le rôle de la cavalerie. Alors il fonce sabre au clair, prêt à tout, paré pour l'impossible. Il s'empresse de rendre compte. Il sait combien ses mots sont attendus. Il rassure. Je lui ai parlé. Il raconte ma faiblesse, ma fatigue. Il est d'emblée entré dans la peau du chien de berger qui va, jusqu'à l'arrivée de la frégate, patrouiller, escorter mon voilier sans pilote, et accompagner mon calvaire, prêt à combattre mes défaillances par ses mots. Mais Marco veut faire davantage encore. Son entourage à terre doit le freiner, le raisonner. En grand marin, il se rallie rapidement aux conseils de prudence. Ni abordage ni abandon de bateau ne sont pour l'heure nécessaires. Il règle la configuration de son *Safran* sur celle de *Generali*, et calque sa vitesse sur la mienne, se donnant tout le champ nécessaire pour éviter un fâcheux accrochage. La portée de nos radios VHF est son critère de référence pour demeurer en permanence à portée. Sa première idée était ni plus ni moins que de m'aborder et de sauter à bord. Sacré Marco ! Je le lui déconseille, et cet avis est vite conforté par l'analyse de son équipe à terre et de la direction de course. Mon état, grave, précaire, ne justifie pas encore qu'il mette sa propre sécurité en danger et prenne le risque de perdre son bateau, voire de créer le sur-accident en endommageant les deux voiliers lors d'une manœuvre que l'état de la mer rend, pour l'heure, pratiquement impossible. Marco se rend à l'évidence. Son intervention peut prendre une autre forme. « Je me suis dit que mon rôle était à ce moment-là du domaine de la psychologie », me rapportera-t-il plus tard. Guillemot replonge alors dans ses terribles souvenirs du chavirage de Jet Services IV : « J'ai revu les images de mon propre calvaire, m'avouera-t-il, mais j'étais à l'époque soutenu par Jean-Luc Nélias et Paul Vatine, et je savais combien se sentir épaulé était important. » Marco, secrètement ébranlé par la brusque résurgence de sa propre épreuve, mesure plus que quiconque ma souffrance et ma solitude. Il va s'investir corps et âme à accompagner de toute la force de son immense compassion les longues heures qui me séparent de l'arrivée des secours.

La journée du 19 décembre qui débute en France, et dont la matinée est pour Marc et moi déjà entamée, s'annonce longue et pénible. J'ai rapidement épuisé le fond de jus de citron et le lait concentré. La soif me met au supplice. J'aperçois du coin de l'œil, loin, si loin, une bouteille de Badoit. Inaccessible. Les à-coups du bateau me mettent au supplice. Je glisse de ma bannette en carbone, et je dois régulièrement trouver l'énergie et la volonté pour me redresser, éviter de me tasser ou pire, de tomber. Mon regard se pose sur ma bouilloire posée à portée de main sur sa petite gazinière. C'est ainsi que je préparais, hier encore, mes repas, chauffant de l'eau dont j'arrosais mes plats lyophilisés. Et s'il restait un peu d'eau de mon dernier repas ? J'agrippe l'ustensile. Son poids et le bruit cristallin de l'eau qu'elle contient m'arrachent un sourire. Je bois goulûment, et me ravise bientôt. Je sais que ce fond de bouilloire est le seul liquide à ma disposition. Il sera mon goutte-à-goutte pour les heures à venir. Tout à côté, je mets la main sur un reste de sauces, provençale et… carbonara. Mes festins pour les prochaines quarante-huit heures.

Soutien psychologique, certes, mais Guillemot a aussi envisagé quelques tentatives très concrètes pour me venir en aide. Il confectionne soigneusement un paquet de survie «*made in* Guillemot» : autour d'une bouteille d'eau en plastique, il scotche du pain, une boîte de pâté Hénaff, son préféré, et des médicaments antidouleur. À la mi-journée, il m'appelle sur la VHF. Il craint de m'avoir réveillé. Je le rassure, la douleur et la lutte permanente contre mes glissades intempestives hors de ma couchette me maintiennent éveillé. Il me fait part de son plan. Il compte venir sur l'arrière de *Generali*, le plus près possible, afin de me jeter à l'intérieur, en visant la porte ouverte de mon cockpit, de l'eau et des médicaments. Je ne sais que répondre. La perspective de recevoir de l'eau et des antidouleurs me ferait accepter n'importe quoi. Je perçois pourtant toute la difficulté de la manœuvre. Il y a, à cet instant, toujours plus de 20 nœuds de vent, et les embardées de mon *Generali* en disent long sur la forme et la profondeur des vagues. Seul à la barre de son rapide voilier, Marc va tenter de croiser dans mon tableau arrière et, tout en maîtrisant sa trajectoire, de viser une cible mouvante et minuscule pour tenter de faire pénétrer dans mon bateau son colis prodigue. L'entreprise me paraît improbable. Il tente néanmoins l'opération, passant à plus de 8 nœuds de vitesse sous pilote automatique au ras de *Generali*. Essai scabreux. Son colis atterrit néanmoins dans le cockpit, totalement hors de ma portée. Je n'en ai cure. Averti de sa manœuvre par VHF, je me contorsionne malgré la douleur et écarquille les yeux. Je ne veux pas rater cela. Et, Ô miracle ! Je le vois ! L'espace d'un instant, d'une seconde, la fine silhouette d'argent de *Safran* masque mon horizon terne, et j'ai le temps d'apercevoir Marco, concentré sur le lancer de sa bouteille d'eau. Il est là ! Il est vraiment là. Ce n'est plus seulement une voix grésillante, mais bien la silhouette que je connais. Il me rappelle par téléphone Iridium, car la VHF passe décidément bien mal. Il va faire un nouvel essai. Je lui crie, avec ce qui me reste d'enthousiasme, que je l'ai vu, que je l'ai entendu, et que j'en suis heureux. Il me dit vouloir lui aussi me voir. J'attends anxieusement son nouveau passage. Il faut qu'il me voie, que nos regards, même lointains, se lient, que nos gestes se répondent... Marco le marin prépare calmement sa manœuvre. Il doit de nouveau virer de bord dans un vent toujours soutenu, régler ses ballasts, sa grand-voile et sa trinquette. La manœuvre est délicate. Trop loin, et le passage est inutile. Trop près, c'est le risque de collision. *Safran* remonte au vent vers moi. Marco tient la barre d'une main, et son précieux colis de l'autre. Ça bouge, ça cogne, la mer n'est décidément pas coopérative. Les deux voiliers sont maintenant tout proches. « Yann ! Yann ! » J'entends Marco qui hurle mon nom. Je me redresse comme je peux et j'agite frénétiquement la main en criant. Marco me voit. Il en est tellement surpris qu'il lâche un instant la barre, et *Safran* fait une embardée. C'est raté pour la tentative d'envoi. Qu'importe. Nous nous sommes vus. Je voudrais pouvoir rire.

La nuit parisienne d'Erwan Steff a été scandée par les appels téléphoniques et les échanges de mails. La frégate australienne *HMAS Arunta* demande régulièrement les positions de *Generali*, qu'Erwan et la direction de course observent en permanence. Ces observations confortent le léger vent d'optimisme que l'arrivée de Marc Guillemot sur zone a fait naître. *Generali* progresse plein nord, et l'*Arunta* marche plus vite que prévu. Le commandant Bowater, capitaine du navire militaire australien, annonce une jonction possible pour demain 20 décembre en milieu d'après-midi, heure française. Erwan me transmet ces précieuses infos. Il me harcèle sur l'urgence de ma prise de médicaments. Je m'énerve à nouveau. Limite odieux. Mais quand comprendra-t-il que, au-delà de la douleur, je ne peux catégoriquement pas envisager de déplacer mon corps à demi amputé ? Ma jambe est un ballot de douleur que je ne maîtrise plus. Mon bassin, mes côtes me font énormément souffrir. La cabine de mon bateau est un abîme d'obstacles et de recoins encombrés où un homme valide a toutes les peines du monde à évoluer et à trouver appuis et repères en temps normal. Alors un infirme, sur mer formée… Erwan encaisse, se fait conciliant, négocie mon apaisement, et raccroche sur un nouvel appel à l'impérieuse nécessité de trouver mes « médocs ».

Boosté par notre bref échange, Marc Guillemot me fait part de sa nouvelle stratégie pour m'approcher. Incroyable Marco. J'apprendrai plus tard qu'il a échafaudé avec Samantha les plus invraisemblables scénarios pour me sauver en montant à bord dès que Roxy arriverait sur zone ! Il a pour l'heure déplombé son hélice, et c'est au moteur qu'il compte me croiser, afin de mieux maîtriser sa vitesse et de se donner plus de chances d'atteindre l'entrée de ma cabine. L'opération me paraît sans espoir et je tente de l'en dissuader. Je crains l'abordage qui pourrait être fatal à nos deux bateaux. Marco insiste. Il refait une tentative. Je le vois à nouveau. Je gueule, j'agite frénétiquement un bras. Il m'entend, il me voit… Il en oublie de lancer la bouteille. Trop loin de toute façon. Pas grave. Sa présence est plus que jamais palpable. Son entêtement, son engagement à décidément tout imaginer et tout tenter pour moi me bouleverse. Venant de lui particulièrement : un marin que je respecte, dont je connais la carrière et quelles heures épouvantables il a passées après son accident. Que ce soit lui qui se trouve aujourd'hui placé dans le rôle du Bon Samaritain est un signe qui me confond et qui soudainement me sort de ma torpeur. Marc est là, prêt à tout sacrifier, course, bateau, pour me porter secours. Cent quatre-vingts marins australiens inconnus accourent toutes affaires cessantes pour me tirer d'affaire. La mobilisation depuis la France doit être énorme, mes proches, les organisateurs, les ambassades et, je l'apprendrai plus tard, jusqu'au cabinet de la présidence de la République…

L'incroyable énergie de Marco a ouvert une brèche dans mon apathie. Nos cris, nos échanges frénétiques du geste et de la voix ont suscité une montée d'adrénaline et d'espoir. C'est un peu comme si je recouvrais la vue. Haletant, nerveusement, je jette un nouveau regard panoramique autour de moi. Au sol traîne un bout. C'est celui qui manœuvre le déplacement latéral du traîneau, dispositif de stockage mobile en toile plastifiée dans lequel j'ai rangé petits matériels, sacs de vêtements, de nourriture et… pharmacie. Cette ficelle actionne l'ensemble et me permet, rapidement et sans trop d'efforts, de basculer d'un bord à l'autre tous ces poids disséminés et ainsi rassemblés en un seul contingent pour participer à l'équilibre du bateau en fonction des allures. À force de contorsions, je parviens à relâcher la tension du taquet qui bloque ce bout et maintient l'ensemble du traîneau à poste. Rendu libre, le traîneau glisse et se rapproche doucement de moi. Fébrilement, j'attrape ma paire de ciseaux restée à portée de main sur la table à carte. Je grimace, je halète sous l'effort, mais je parviens dans ma rage à éventrer le chariot. La grosse boîte à pharmacie bleue apparaît. Je m'en empare. Elle masquait deux packs de Coca-Cola et plus loin, inaccessible, la petite pharmacie blanche qui contient les médicaments les plus appropriés à mon état, morphine notamment. Je secoue le chariot mais ne parviens pas à l'agripper. Nulle déception. Je me jette sur une bouteille de soda que je descends goulûment, vite suivie d'une deuxième, puis d'une troisième. Bonheur absolu ! J'appelle Erwan : « Ça y est !! J'ai la pharmacie ! J'ai la pharmacie ! » C'est une victoire ! Il est près de 20 heures à Paris en ce vendredi 19 décembre. Erwan, Little Big Man, qui encaisse depuis trente-six heures les stress, angoisses, interrogations de toute la chaîne inquiète de mes proches, de mes amis, de mes partenaires, et des médias, laisse un instant, un instant seulement, glisser sa cuirasse. À 16 000 kilomètres de distance, j'entends ses larmes. Mais vite, très vite, il pare à l'urgence et m'égrène le contenu de la boîte à pharmacie, m'indiquant un antidouleur à base de paracétamol. Faiblard, l'antidouleur. Les vrais pain-killers sont dans l'autre boîte, que je ne peux atteindre. Je me détends. J'ai le sentiment d'avoir remporté une victoire. C'est à Marc que je la dois, à sa rage, à sa folle détermination à vouloir me sauver. Je l'appelle. Je lui dis le traîneau, les Coca, les médocs... Il est heureux. La fatigue m'envahit, presque bienfaisante malgré la douleur qui n'a pas diminué. Marc me parle. Je l'interroge : « Et toi, Marco, ton accident ? » Pudique, modeste à l'extrême, il me raconte pourtant le grand multicoque qui chavire dans le golfe de Gascogne en furie alors qu'il se trouvait en pied de mât. *Jet Services IV* lui est littéralement tombé dessus, lui brisant bassin et fémurs. Marc est sous l'eau, au comble de la douleur. Et lui aussi va trouver l'énergie de s'échapper du piège et de remonter sur les filets du catamaran… Irréelle, incongrue confession d'un ancien naufragé moribond à un marin fraîchement accidenté. Non, décidément non, Marc Guillemot ne m'aura pas porté assistance ni n'aura procédé au moindre sauvetage. Il m'aura simplement sauvé la vie.

CHAPITRE IV

HER MAJESTY AUSTRALIAN SHIP *ARUNTA*

La découverte puis la prise de ces sacrés médocs ont mis miraculeusement un terme à ma descente aux Enfers. Tout semble autour de moi reprendre un tour positif. Erwan m'informe que la frégate australienne *Arunta* revoit à la hausse son heure estimée d'arrivée. On lui prêtait 18 nœuds de vitesse moyenne ; elle déboule vers moi à plus de 22 ! Le vent, qui était monté dans l'après-midi à près de 35 nœuds, doit, selon les prévisions recueillies par Erwan, descendre sensiblement au moment de l'arrivée des sauveteurs australiens. Mieux : si ces derniers tiennent la moyenne annoncée, ils seront sur zone demain samedi 20 décembre en fin d'après-midi, avant la tombée de la nuit, permettant d'envisager les opérations de transfert de jour. Rassuré, toujours en lutte contre la douleur, avec pour seule arme la prise toutes les deux heures de paracétamol, je parviens à m'endormir. Mon sac de couchage a séché sur mon corps, et la fatigue m'emporte. Mes rêves mélangent peurs et images des proches. Mes parents, mes chers parents, si profondément affectés voici huit années par l'effroyable accident de la route qui a laissé mon jeune frère Antoine totalement paralysé, doivent en ces heures d'angoisse revivre l'horreur absolue de la perte d'un enfant. Ils se sont enfermés dans leur havre breton et pendant vingt-quatre heures ne répondront à personne. Erwan joue là encore les courroies de transmission. Les médias se font plus pressants. Je ne conçois pas un seul instant l'intérêt que ma situation suscite en France. Je me sens encore loin de la délivrance. Marc est là, l'*Arunta* arrive, mais pour l'heure je suis toujours ce marin blessé et immobilisé au fond de son navire. L'heure n'est pas aux déclarations, pas plus à la presse qu'à mes parents, que je ne veux pas alarmer outre mesure. Toute mon énergie va au combat contre la douleur et à la préservation de mes forces. Seul l'échange avec Marco après ma prise de médicaments a été empreint d'émotion. Je lui devais bien cela. La lutte continue. Perth et son hôpital sont encore loin, très loin. Mon fémur brisé en deux me torture. Mon bassin, que je sais fracturé, me tire des cris alors que je cherche à me redresser, et mon dos est un abîme de souffrance que je ne parviens même plus à localiser. La frégate n'est pas une fin en soi. Elle est le moyen de locomotion qui m'emportera vers la résolution de tous mes problèmes.

Toutes les deux heures, Erwan m'informe des progrès du navire de la Navy australienne, me donnant sa distance en milles et sa vitesse. La deuxième nuit parisienne de mon homme de confiance s'écoule ainsi. De mon côté, j'ai sombré dans un ersatz de sommeil. Lorsque le jour se lève pour Marc et moi, en ce samedi 20 décembre, le vent souffle encore fort, et je sens que *Generali* avance vite malgré sa voilure en débâcle. Le téléphone Iridium sonne. C'est Marc : « Où es-tu ? Je ne te vois plus ! » Je m'inquiète une seconde. Marc rigole : « C'est incroyable, tu m'as mis une taule pendant la nuit. » Prudent, Guillemot avait, à la tombée de la nuit, choisi de s'écarter de ma route. Mais nos voiliers de course portent décidément bien leur nom, et mon plan Finot-Conq avait profité du coup de vent pour prendre la poudre d'escampette, tout seul, malgré ses voiles non bordées, sa quille mal angulée et son pilote déréglé. La journée australe s'avance. Nouveau coup de fil. Je décroche et reçois un flot incompréhensible de paroles, moitié françaises moitié anglaises. C'est la frégate de la marine australienne *Arunta*. Un officier prétendument francophone me parle, mais son français est au moins aussi approximatif que mon anglais. Il me donne sa distance, me dit qu'il me voit au radar et tout de suite entre dans le vif du sujet, décrivant la manœuvre envisagée. La frégate effectuera un tour complet de la zone où *Safran* et *Generali* évoluent, puis mettra un semi-rigide[1] à l'eau pour venir me chercher.

Il est un peu plus de 11 heures en ce samedi matin 20 décembre en France. De saint-bernard des mers, Marc Guillemot

1–Semi-rigide : Embarcation pneumatique légère et motorisée.

se mue en reporter. Le commandant de la frégate l'a également contacté pour lui expliquer la manœuvre, et Marco rend compte quasiment en direct au PC Course à Paris. Caméra à la main, il ne perd pas une miette de l'étonnante scène qui se déroule aux confins de toute civilisation, dans la lumière froide d'une fin de jour australe : un grand bateau militaire qui vient se positionner au vent de deux monocoques de course en rupture de Vendée Globe. Avec l'arrivée de la nuit, le vent a sérieusement molli. Mais la houle reste très prononcée. Les coques des deux voiliers disparaissent régulièrement dans les creux aux yeux des observateurs australiens. Mes sentiments sont mitigés. Le bonheur de savoir les sauveteurs si proches est fortement atténué par une onde d'inquiétude. Je redoute de devoir bouger, ne serait-ce qu'un orteil. Je me devine totalement intransportable, et ne parviens pas à envisager le moindre transbordement à bord d'un semi-rigide ballotté par les flots. L'intérieur de *Generali*, étroit et encombré, ne se prête en aucun cas à la plus petite évolution de quelconques civière ou brancard. Quel dispositif ces sauveteurs australiens ont-ils imaginé pour intervenir à bord d'un voilier de l'architecture et de la topologie duquel ils ignorent absolument tout ? Quelles manœuvres d'approche vont-ils tenter ? Côté ? Arrière ? Le médecin sera-t-il là, capable de mettre immédiatement un terme, même provisoire, à mes douleurs ? Dans la pénombre qui s'installe à bord, aveugle et sourd, j'attends, inquiet et impatient, le déroulement d'opérations dont je ne suis plus que le sujet passif et impuissant. De nombreux appels résonnent à présent sur la VHF. C'est le commandant Bowater de l'*Arunta* qui cherche à nous joindre. Nous nous lançons dans de vaines tentatives pour nous faire entendre. Mais nos antennes VHF sont trop basses sur l'eau, et l'*Arunta* ne nous reçoit pas. Surréalistes et cocasses, les instants qui suivent tiennent presque de la farce, Marco et moi multipliant les appels dans une langue que Shakespeare refuserait avec obstination de prendre pour de l'anglais. On s'interpelle : « Qu'est-ce qu'il a dit ?? » « Euh, je crois qu'il dit qu'il arrive, qu'il met une embarcation à l'eau… Enfin… je crois… » Marc est au comble d'une excitation que j'ai du mal à partager. Il est le témoin privilégié d'un improbable sauvetage en très haute mer d'un marin par un navire de guerre. Il filme, photographie, me décrit la scène par VHF, puis attrape son Iridium pour faire vivre en direct live au PC Presse de Paris tous les détails de l'opération. J'ignore tout des dizaines de personnes, journalistes, coureurs, amis qui se pressent, inquiets et passionnés, dans les locaux surchauffés du centre de presse parisien. L'*Arunta* s'est immobilisé et ondule doucement sur la houle. Marc me le décrit, m'explique l'activité sur le pont, l'effervescence sur la passerelle. J'attends. Ça y est, le semi-rigide est à l'eau. Ils arrivent…

Le bruit d'un moteur rompt brutalement la monotonie du glissement de l'eau sur l'étrave de *Generali*, qui ne progresse plus que de trois ou quatre nœuds. Le vent a choisi le bon moment pour nous offrir une trêve. Des voix s'interpellent en anglais. Des voix de femmes ! Serais-je la proie de quelque hallucination ? Je m'interroge. Pas pour longtemps. Un choc ! Énorme ! Je comprends qu'on m'aborde sous le vent côté tribord. La secousse est telle que les voiles positionnées pour le matossage se soulèvent, des ustensiles tombent au sol, et je me crispe sur ma bannette. Remue-ménage sur le pont. On y jette des objets qui heurtent la coque et résonnent sur le carbone. Bruits de pas lourdement bottés. Des voix encore, féminines toujours, et masculines aussi. Une ombre dans l'embrasure, massive, gauche, épaisse, maladroite. Trois silhouettes titubantes m'entourent bientôt, deux hommes et une femme, casqués, harnachés… suant à grosses gouttes. Incrédule, je crois un instant discerner une caméra fixée sur l'un des casques. Loin de l'image des commandos militaires, surhommes des sauvetages de l'impossible que j'avais imaginés. Qu'importe. Je ne juge pas. Je veux sauver ma peau. Je souris vaguement et soulève mon sac de couchage, offrant ma jambe blessée à leurs regards. Les « extraterrestres » me parlent, m'appellent par mon nom, se présentent à moi. Ils prennent possession de l'habitacle, s'installent, déployant mallettes et couvertures. Le médecin, Peter, inspecte ma jambe. Il prépare immédiatement une seringue de morphine. Le bateau bouge. Il semble peu à l'aise. J'apprendrai plus tard que ce « doc », civil, appelé en urgence pour venir à mon secours, n'a aucune expérience de la mer. Il est mal à l'aise et transpire beaucoup, engoncé dans son harnais et son ciré. Il rate la veine, et doit s'y reprendre à deux fois pour m'injecter la morphine. Je sombre immédiatement, instantanément, dans un lit de coton. Agréable, très agréable ! Je sens mon corps qui se détend, s'affaisse, mais mon esprit reste pourtant sur la défensive. Je me concentre pour comprendre ce qui se passe, comment va s'organiser mon transfert. Je veux les aider au mieux, en multipliant les conseils pour mon transport, les incitant à couper les filières, et à bloquer la bôme contre laquelle ils se cognent en permanence à chaque allée et venue du cockpit à la cabine. J'ai mis mon cerveau embrumé en mode « anglais » et j'essaie de suivre leurs conversations exaltées. Ils disposent d'une civière en forme de coquille dure. Ils comptent m'y attacher, afin de me faire glisser au fond du semi-rigide. Il faudra auparavant m'extraire du cockpit. J'entends les ronflements du moteur de la rapide embarcation qui tourne autour de *Generali*. Je comprends qu'ils essaient de s'accrocher au bateau et je m'alarme de cette manœuvre à haut risque pour eux et pour mon voilier. J'essaie d'expliquer qu'ils sont en train d'abîmer le bateau, que la bonne manœuvre en haute mer consiste à s'approcher, à débarquer ou embarquer une personne, et à vite s'écarter. Le semi-rigide finit par prendre de la distance, et les trois personnes montées à bord, le médecin, une aide-soignante et un matelot, entreprennent de me placer dans la civière rigide. Je grimace malgré la morphine. La coque rigide m'emprisonne. On me couvre et me harnache. Poussant, tirant, ahanant, suant, mes sauveteurs, engoncés dans leurs épais cirés, parviennent à franchir l'étroite porte de l'habitacle et me posent au fond du cockpit. Je vois avec effroi la bôme non bordée de ma grand-voile battre violemment à quelques centimètres de leur tête. Le vent a certes molli, mais souffle encore à plus de 20 nœuds. Je leur indique la manivelle de la colonne de winches[1]. Le matelot s'y colle et parvient à immobiliser la grande poutre de carbone. Je leur indique aussi la commande qui gère l'inclinaison de ma quille pendulaire, leur expliquant tant bien que mal qu'il est possible de rétablir l'assiette du bateau, et de faciliter ainsi l'approche de leur embarcation sous le vent du voilier. Ils s'exécutent et s'émerveillent du résultat. Mais leur idée fixe demeure d'accrocher leur semi-rigide le long de *Generali*. Je proteste et vocifère en vain. Le semi-rigide revient et tente de se coller à la coque de *Generali*. La lumière du soir antarctique décline rapidement. Il faut y aller. La houle ballotte sans unisson les deux embarcations accouplées. Mes sauveteurs me soulèvent, non sans m'avoir préalablement attaché à un cordage. Tout se passe très vite. Je tombe lourdement au fond du semi-rigide. Mes yeux contemplent fixement le gris du ciel et la cavalcade des nuages argentés. J'aperçois du coin de l'œil la tête de mât de mon *Generali* qui se balance gauchement, opinant du chef, comme pour un adieu. Pas de tristesse cependant, ni apitoiement ni regret. Juste le soulagement.

En cinq minutes d'une navigation heurtée, la rapide annexe australienne m'a emmené au ras de la coque de la frégate *Arunta*. J'aperçois des dizaines de silhouettes qui tout au long du bastingage me dévisagent. Une élingue est descendue

1–Winch : Treuil permettant de tendre les cordages à bord d'un voilier.

depuis la grue du navire militaire. L'éprouvante remontée de la passerelle que je redoutais n'aura pas lieu. C'est l'ensemble embarcation-sauveteurs-blessé qui est hissé d'un seul coup, manœuvre délicate que la houle complique à l'envi. Il faut quatre à cinq tentatives pour attraper le crochet et le fixer à l'arceau du semi-rigide. La puissante grue nous arrache à l'océan. À peine posée sur le pont, l'embarcation est entourée par une quinzaine de marins qui s'affairent promptement à empoigner ma civière. Des flashes d'appareils photo crépitent. À toute vitesse défilent passerelles, coursives et couloirs. On m'installe rapidement dans une cabine d'officier. Une banquette, un miroir, une télé... La morphine semble ralentir le flot de mes pensées, et l'absence de salles blanches, d'atmosphère médicalisée, de radiographie ne provoque chez moi qu'un lointain, très lointain étonnement.

Le capitaine Bowater, commandant de l'*Arunta*, sans perdre une minute du jour déclinant, a renvoyé l'embarcation de secours vers *Generali*. Professionnel et méthodique, il a missionné ses matelots pour dénicher et rapporter mon passeport, resté à bord. Je n'ai pu que leur décrire vaguement mes sacs de voyage marqués « *Generali* » où je conserve mes vêtements propres et mes papiers. Il faudra aux matelots australiens éventrer et vider une demi-douzaine de ces sacs avant de mettre la main sur mes précieux documents d'identité. Erwan leur a également fait passer un certain nombre de consignes pour sécuriser davantage le bateau dans la perspective d'une opération de sauvetage que Philippe Laot, bientôt rejoint par Jean-Baptiste Epron, prépare déjà depuis Perth. Les marins australiens tiennent aussi à échanger quelques mots d'adieu avec Marc Guillemot. Le semi-rigide se dirige vers son *Safran* et les militaires lui lancent une bouteille de vin rouge, du pain et des oranges, cadeaux inestimables pour un marin privé de produits frais depuis déjà plusieurs semaines. Marco les salue, caméra à la main. Après quatre journées intenses d'action et de comptes rendus auprès des proches, de la direction de course et des médias, il va de nouveau, péniblement, cœur et tête un peu à l'envers, rentrer en solitude et reprendre le cours d'une compétition sportive volontairement mise entre parenthèses le temps de mon sauvetage, et qui l'appelle à présent. *I must go to France now !*, tente-t-il d'expliquer aux Australiens incrédules. *Crazy Frenchmen* !

Safran reprend sa route, croisant une dernière fois *Generali*. Mon beau voilier est à l'abandon ! Marc s'éloigne et reçoit alors un dernier appel du commandant de l'*Arunta*, qui aimerait permettre à ses marins de faire quelques photos. Amusé et surpris, Marc s'exécute de bonne grâce et revient tourner autour de la grande frégate. Derniers signes de la main. *Safran* pointe son étrave au sud-est, vers ce cap Horn que je ne verrai pas. Bon vent, Marco, et merci !

Il est 13 heures à Paris en ce samedi 20 décembre quand la frégate australienne *HMAS Arunta* quitte la zone de mon sauvetage, au cœur de l'Océan Indien, et entreprend de me ramener vers cet hôpital que mon état appelle avec insistance. Allongé dans cette simple et rustique bannette d'officier, je ne suis pas au bout de mes surprises.

Le médecin civil, accompagné d'une infirmière australienne, est à mon chevet et me prépare, au mieux, pour ce long voyage de retour vers la terre ferme et la civilisation. Ils m'ont tous deux posé une perfusion afin de stopper le processus de déshydratation qui avait débuté. Le médecin procède à un examen minutieux des dégâts. Il constate, en marge de ma jambe fracturée, des côtes cassées. Ah bon ? Le diagnostic concernant mon bassin et mes vertèbres est, en ce qui le concerne, neutre, et les raisons de mes douleurs lui échappent complètement. Il s'emploie cependant à me poser une attelle qui, en prenant appui sur mon bassin cassé, va raviver cruellement mes souffrances, en dépit de la morphine. Idée qui me paraît sur le moment incongrue et inopportune, il décide aussi de me placer une sonde urinaire destinée, dit-il, à prévenir les risques d'embolie. Mes doutes ne font qu'empirer. Est-ce bien là le navire « médicalisé » annoncé ? Ce médecin connaît-il vraiment son affaire ? Qu'en est-il de la plus élémentaire et évidente nécessité d'une radiographie ? La douleur, diffuse, inégale, lancinante, ne me permet pas d'affirmer avec précision l'origine du mal, mais je vois bien que ce médecin tâtonne, hésite, et sous-estime finalement l'ampleur et la diversité de mes blessures. L'*Arunta* est un navire militaire, et seulement militaire. Cette première nuit australe de marin rescapé ne m'apporte ainsi ni le repos ni la rémission attendus et espérés. Bien au contraire.

La frégate a repris sa route, et le vrombissement de ses moteurs m'est inhabituel. Elle roule beaucoup, et je ne trouve pas la posture adéquate dans cette étroite bannette militaire. Pire, cette attelle me met au supplice, comprimant mon bassin que je sais cassé. La sonde est une torture supplémentaire, intolérable, qui vient s'additionner à la liste déjà bien longue de mes tourments. L'infirmière, cependant, ne me quitte pas de la nuit et répond à chacun de mes besoins, les anticipe parfois. Je bois, je mange, et on m'autorise tous les appels téléphoniques souhaités. J'ai ainsi très rapidement pu joindre Erwan, et le rassurer sur ma prise en charge à bord de l'*Arunta*. J'appelle aussi Soizic, ma femme. Elle m'avouera plus tard m'avoir trouvé totalement incohérent. Je suis au comble de la confusion. Mon sauvetage par cette frégate de guerre n'a pas mis fin à mon calvaire. Je sais ma vie sauvée, mais l'intensité de mes souffrances continue d'exacerber mes inquiétudes sur mon avenir et mon intégrité physique. Je crains des séquelles irréparables. Je pense à mon frère, si jeune, plein de vie et de talent, qu'un accident d'automobile a condamné au fauteuil roulant à perpétuité. D'hôpital en centre de (vaine) rééducation, j'ai appris à craindre, à redouter, à détester cette infirmité. Je ne peux pas croire mon tour venu de la partager. Malgré la morphine, je suis de nouveau la proie du monstre

Douleur, qui me triture, me torture jambe, dos, bassin. C'en est trop. Mon sang de Breton bouillonne. J'explose. En pleine nuit, j'interpelle l'infirmière assoupie. Je veux voir le médecin. J'ai trop mal ! Il arrive. Nos regards se vrillent. Je ne lui laisse pas placer une parole et lui intime l'ordre, c'est bien le mot, de me retirer sur le champ attelle et sonde. Il ne pipe mot, mais reste sur ses positions, me rétorquant qu'il suit les indications des médecins de l'hôpital de Perth qui m'attendent pour l'opération. L'attelle doit étirer mes muscles contractés et faciliter le réalignement des deux morceaux de mon fémur brisé. Il concède cependant le retrait de la sonde. France 1, Australie 1. La perspective de savoir ce médecin épaulé depuis la terre calme mes inquiétudes. Débarrassé de cette sonde, je retrouve un semblant d'apaisement pour survivre à cette nuit. Je ne veux alors plus penser qu'à cet hôpital et à l'intervention, que j'envisage comme décisive pour ma survie d'homme et de marin.

Alors que de longues heures de souffrance s'écoulent, on m'apprend incidemment que la frégate australienne ne fait plus route directe et à grande vitesse vers Perth, mais que son commandant a accepté de se dérouter vers Mike Golding. Le Britannique, skipper du voilier *Ecover III*, avait dû abandonner brutalement le Vendée Globe quelques jours plus tôt, suite au démâtage de son voilier. Il faisait depuis route vers Perth, port le plus proche et le plus accessible depuis la zone de son accident, dans le sud-ouest de l'Australie, à petite vitesse et sous gréement de fortune. Craignant de manquer de gas-oil pour alimenter son moteur à l'approche des calmes du continent australien, Mike avait demandé à la direction de course l'autorisation d'être approvisionné en carburant. La requête était redescendue jusqu'au commandant Bowater de l'*Arunta*, ravi semble-t-il de s'exécuter et de porter assistance à un sujet de Sa Gracieuse Majesté.

C'est évidemment une nouvelle que je reçois avec un sentiment mitigé. Dans ma hâte de rejoindre enfin un lieu de soins digne de ce nom, je n'oublie pas les lois de la mer. Mike, auteur d'un formidable début de course, avait perdu son mât au moment même où il s'emparait de la tête du Vendée Globe. À la peine pour rallier la civilisation à bord de son *Ecover* amputé, il mérite autant que moi l'attention des secours. Je comprends que le délai de quarante-huit heures nécessaires à mon rapatriement vers l'hôpital est revu à la hausse. Je sers les dents. Je n'ai rien à dire. Le commandant est seul maître à bord.

À cette peu souriante nouvelle, le médecin ne tarde pas à apporter sa dose bien à lui de perspectives angoissantes. Passé le petit déjeuner en ce dimanche matin 21 décembre, heure australienne, il pénètre dans ma cabine, m'examine et se déclare satisfait du travail d'étirement effectué par l'attelle. Les deux morceaux d'os lui paraissent suffisamment réalignés pour justifier à présent la pose… d'un plâtre. Les nimbes dans lesquelles flotte mon cerveau assommé par la morphine freinent ma compréhension de son « franglais » hésitant. Je le sens échaudé par nos derniers échanges virulents de la nuit. Résigné, je me laisse faire. Il détend l'attelle, tout va bien. Et soudain, brutalement, comme traversé par un courant de 100 000 volts, je hurle de douleur. Pendant un temps infini, je gueule de toute ma voix et de toutes mes tripes, à mourir. Avec le recul, je crois qu'une fois l'attelle enlevée, les os mal alignés se sont de nouveau désolidarisés, s'entrecroisant et enfonçant chacun leur extrémité dans les chairs. C'est la panique ! Le médecin et les infirmières se concertent en balbutiant tandis que je plonge en hurlant au plus profond de la douleur. Ils tentent hâtivement, fébrilement, d'en terminer avec cette ébauche de plâtre censée remplacer l'attelle. Mes hurlements les déstabilisent. Je croise des regards effrayés. Ils sont trois à tenir ma jambe tandis que je hurle comme un cochon qu'on égorge. Tant bien que mal, ils achèvent leur piteux ouvrage. Je m'arrête alors, et seulement à ce moment-là, de hurler. Un silence pesant s'installe. Je suffoque et gémis un peu. Je lis dans leurs yeux une indéfinissable et interminable gêne. Les regards qu'ils échangent sont chargés d'embarras. L'aide-infirmière quitte brutalement la scène. Je ne la reverrai que douze heures plus tard. Un lourd ressentiment s'installe entre le médecin et moi. Il ne comprend pas mon agacement, mon énervement, mon impatience. Il croit que je lui en veux personnellement. Je mesure aujourd'hui combien l'expérience a dû, pour lui aussi, être douloureuse et pénible à vivre. Peu familier des choses de la mer, il se trouve soudain propulsé dans un élément qu'il maîtrise mal, et dépourvu des outils qu'exige mon état.

Il se trouve aussi rapidement confronté aux médias! Sur le petit écran de télévision qui meuble ma cabine de douleur, j'ai la surprise de le voir interviewé dès les journaux de midi, et sollicité massivement par les médias de son pays. L'équipage de l'*Arunta* a en effet filmé toutes les opérations de sauvetage. Les images ont, par satellite, été envoyées en temps réel aux télés australiennes. Je découvre que, d'interview en interview, mon médecin endosse le costume de héros sauveur de Yann Eliès. L'événement semble de taille. Chaque journal télévisé australien ouvre avec le récit de mon sauvetage, vite suivi de l'analyse et des réactions du médecin héros. Un tel décalage entre cette autosatisfaction et ma douleur me laisse pantois. Tout cela s'ajoute à l'incompréhension mutuelle qui s'installe. Mon « sauveteur » me fait mal. Mon sauveteur n'entend pas mes indications. Mon sauveteur n'a vu ni mon bassin fracturé, ni mes quatre vertèbres cassées.

La rancœur n'a cependant guère le temps de s'installer. Ma cabine devient vite le lieu de rendez-vous chaleureux, passionnés, rigolards même, avec tout un équipage jeune et plein de curiosité pour le *crazy French seaman.* On m'interpelle, me lance un salut, une œillade, un geste par l'entrebâillement de la porte. Certains, plus audacieux, s'avancent, m'interrogent, sur moi, ma course, mon bateau. Je sens leur respect pour cet immense océan qui baigne les quatre cinquièmes de leurs côtes.

Je lis aussi dans certains regards qu'un peu de ce respect va au marin parti seul à la voile défier ces immensités hostiles. Derrière leurs interrogations pointe vite la fierté d'avoir participé à quelque chose d'inhabituel, à défaut de glorieux. Cette mission a largement dépassé le cadre de leurs manœuvres routinières. Ils ont sauvé un homme, loin là-bas, dans le Grand Sud. Simples et humbles, bien dans la tradition maritime britannique, ils témoignent d'une confiance absolue dans les qualités d'efficacité de leur Navy. Le commandant est là, fier lui aussi, fier et affairé. Le « buzz » généré par mon affaire est toujours dans sa phase ascendante. Médias et officiels se bousculent, semble-t-il pour mon arrivée. Le commandant multiplie les réunions avec ses officiers pour planifier un amarrage sous haute tension médiatique. La présence d'un grand amiral et de personnalités locales est confirmée, et l'équipage, le bateau, devront se montrer sous leurs plus beaux atours. *Dress code*, protocole, manœuvres, logistique… font l'objet d'intenses discussions entre les officiers. Cette agitation m'amuse. J'en oublie Peter le médecin, qui ne cherche d'ailleurs plus à me revoir et me laisse aux soins des infirmières.

Survient alors un nouvel épisode dont je conserve un beau souvenir : je sens soudain le bateau s'arrêter, et le bruit des machines s'estomper. Je me doute que l'*Arunta* a retrouvé Mike Golding, et que les opérations de transvasement de l'avitaillement en gas-oil et en nourriture vers le voilier handicapé vont débuter. Je n'ai bien entendu ni la force ni les moyens de me hisser sur le pont, et je ressens une vive frustration de ne pouvoir échanger un geste, un regard avec ce compagnon d'infortune, grand marin, formidable bonhomme que je respecte particulièrement. Bientôt, les trépidations de la machine se font de nouveau sentir. L'*Arunta* a repris sa route. On frappe alors à ma porte. Un marin souriant de toutes ses dents me tend un petit ballot qui comprend une mignonnette de champagne, et un paquet de cigarettes Silk Cut scotché autour, avec quelques mots écrits en anglais de la main de Mike, me souhaitant bonne chance et m'encourageant à boire à sa santé. Son humour, son intention me touchent. Je suis bien au cœur de cette magie si souvent narrée de la solidarité des gens de mer, de l'amitié singulière qui lie les « tour-de-mondistes ».

Nouveau coup de fil à Erwan. Little Big Man m'annonce d'emblée une bonne nouvelle : Philippe Laot, mon fidèle et compétent second, sera à l'arrivée de l'*Arunta* à Fremantle, le port de la ville de Perth. Il est déjà sur place en compagnie d'un autre navigateur et ami, Jean-Baptiste Epron. Ils sont tous deux accompagnés d'un représentant de mon sponsor *Generali*, Benoît Gilles, quelqu'un que je connais et qui saura gérer et favoriser les opérations de rapatriement vers la France. L'idée de revoir « Philoun » et « Jean-Bat » m'insuffle un regain d'énergie. Au plaisir de les revoir s'ajoute la nécessité que je sens de plus en plus impérieuse de partager avec eux ce que je sais de l'état du bateau. Je veux qu'ils soient les premiers à monter à bord de l'*Arunta*, et qu'ils me consacrent un peu de temps avant que l'on m'emmène vers l'hôpital, la salle d'opération et l'anesthésie. Le commandant Bowater tique un peu mais accède à mes demandes, qui chamboulent quelque peu son protocole. Les médias piaffent d'impatience, selon ses dires, et veulent à tout prix recueillir mes premiers mots de terrien. Je décline la suggestion. Je ne me sens pas en état de m'exprimer. La perspective d'un nouveau transfert, avec son corollaire de manipulations de brancards en civières, me laisse de nouveau entrevoir les terrifiantes réapparitions de douleurs déjà endurées. J'insiste pour recevoir à cette occasion une dose massive de morphine qui, en étouffant les douleurs, m'interdira toute intervention médiatique et sur mon exigence de retrouver dès l'amarrage mes amis français. Il comprend mon impatience à les voir. J'ai mille choses à leur communiquer, le récit de l'accident, les réglages du bateau, l'état des batteries... Erwan m'interrompt. La voix un peu blanche, il me fait part des grandes difficultés rencontrées en Australie pour armer un navire de secours.

© Th.Martinez / Generali

elques jours avant la furie Sablaise, je puise à Bréhat, havre de paix, la force et la confiance au cœur de mes souvenirs d'enfance et dans le rouge de ses roches de schiste.

1

1–Futuriste, toute en ligne et en pureté, la coque de mon proto-*Generali* aux bons soins des orfèvres de Multiplast à Vannes.

3

Le pont, tout en carbone, maintenu en position verticale, traduit l'impressionnante geur du bateau, laissant deviner les formidables réserves de puissance à venir.

Modélisation informatique, prospective… Toute une page de la création du ilier s'élabore dans la confiance et la transparence avec le cabinet d'architectes oupe Finot et l'ami Pascal Conq.

4–Première vision : plusieurs mois de réflexion, une première image synthétise la somme de nos efforts, et donne corps à l'objet de nos rêves.

1

2

© T. Martinez / *Generali*

3

© G. Martin-Raget / *Ge*

1–L'instant sacré qui réunit autour de l'acte hautement symbolique du baptême les trois indissociables composantes d'un projet voile : le partenaire, Claude Tendil, président du groupe *Generali*, Zinédine Zidane, parrain du voilier, et le skipper.

2–Ma joie et ma fierté : avoir réussi à réunir autour de mon projet une équipe compétente capable de performer dans l'amitié et la bonne humeur : Marc Engelbert, Florent Legal, Philippe Laot, Richard Loncle, Erwan Steff, Tanguy Brodu…

3–La grande famille de la voile réunie autour du grand monocoque *Genera* La Trinité-sur-Mer ; Claude Tendil, Zinédine Zidane et moi passons en revue Optimists de l'école de voile…

-Une de mes toutes premières navigations à bord de mon proto flambant neuf ; zou est là, avec qui je partage mes premières sensations…

5–Une foule compacte est réunie le jour du baptême de *Generali* sur le môle Loïc-Caradec, à La Trinité-sur-Mer.

1

2

3

4

5

6

1–Photo de famille lors de l'ultime conférence de presse du 8 novembre 2008 : trente coureurs, deux femmes, six nationalités.
2–Bref moment d'intimité avec Zizou dans la cabine de *Generali*, la veille du départ ; j'ai apprécié sa franchise et sa sincérité.
3–Un geste, un mot, un sourire… Kito de Pavant me surprend à quelques minutes du départ des pontons. L'émotion est là, qui ne me lâchera plus.

4– La gorge est nouée, l'estomac devient une boule compacte, et les larmes voi mon regard : le salut aux amis et à la famille.
5–Au moment de monter à bord et de larguer les amarres, j'aperçois Erwan, deb sur le ponton. Pas un mot. Juste une longue étreinte, et mes larmes…
6–Derniers mots de terrien, dernières boutades avec les journalistes…

7

© A. Pilpré/ *Generali*

8

© A. Pilpré/ *Generali*

9

© A. Pilpré/ *Generali*

–L'instant rare et magique dans la vie d'un marin : les ovations, la chaleur d'une
›ule qui fait de nous des héros avant l'heure. Impressionnant. Unique.

–Côté sablais ou côté la Chaume, le chenal du port des Sables-d'Olonne est le
:ade de France des navigateurs.

9–Ovationné comme une rock star, fêté simplement et chaleureusement par une foule passionnée et sincère : c'est cela aussi, le Vendée Globe…

1

1–Top départ ; je suis en milieu de ligne, bâbord amure, dans le sillage de Jean-Pierre Dick et devant Sébastien Josse. Moment sous haute tension, incertitude et confusion…

© G. Grenier / *Generali*

2

3

© G. Grenier / *Generali*

4

© G. Martin-Raget / *Generali*

5

© G. Martin-Raget / *Generali*

-Des centaines d'étraves brassent le plan d'eau, tandis que les hautes mâtures des) pieds perturbent le vent ; la vigilance et le professionnalisme de la direction de urse assurent pourtant un départ sans incident.

-Vite, de l'air, de l'espace, de l'eau ! Liberté…

4–Quelques minutes après la tension du départ : on précise les réglages, on corrige les trajectoires ; ça penche, ça mouille… C'est parti pour l'éprouvante traversée du golfe de Gascogne.

5–Prêt au combat. La nuit s'annonce rude, avec le passage d'un front actif et des vents à plus de 40 nœuds. Adieu, la terre.

1

© Yann Eliès

© Yann Eliès

2

© Yann Eliès

3

5

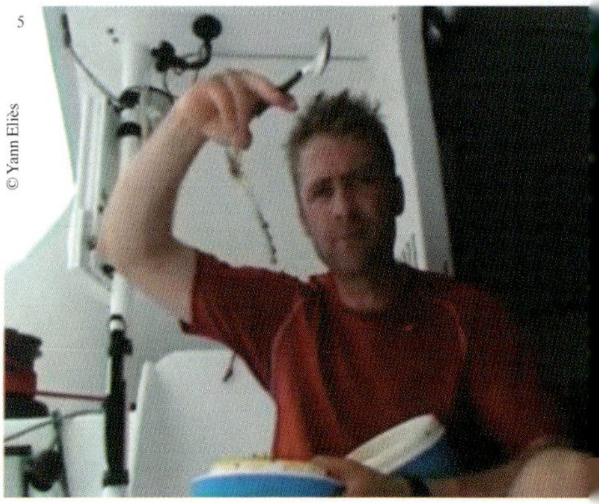

© Yann Eliès

4

© G. Martin-Raget / Generali

1–Pourquoi nous y allons : l'horizon sans limite du ciel et de la mer, où croise parfois, nonchalant et solitaire, un albatros.
2–Mes petits passagers clandestins, cadeaux d'enfants qui me relient à la terre et à ceux que j'aime.
3–Journées d'alizé ; *Generali* descend l'Atlantique au grand galop, droit dans ses lignes et dans son sillage. La performance maîtrisée.

4–*Generali* en configuration alizé du sud-est, un ris dans la grand-voile et sole l'avant. Ça glisse, ça fume, ça va vite, et ça paie.
5–Plaisir équatorial : un poisson volant livré tout frais à ma porte, quelques minu à la poêle dans un filet d'huile pour un simple moment de béatitude absolue.

6

© Yann Eliès

7

© G. Martin-Raget / *Generali*

8

© Yann Eliès

9

© G. Martin-Raget / *Generali*

10

© G. Martin-Raget / *Generali*

11

© G. Martin-Raget / *Generali*

–Autoportrait : premières barbes, premiers traits qui se creusent, et le bonheur 'être bien entré dans mon Vendée Globe.

–Toute l'efficacité et la puissance de mon plan Finot-Conq.

–À l'attaque et en chantant. Moiteur de l'alizé, enivrante vitesse du vent, efficacité naximale de mon bateau. Le temps du bonheur.

9–L'avant du bateau, où l'on ne s'aventure qu'entouré de mille précautions, pour un traitement façon lance à incendie.

10–*Generali* en mode agressif : le gennaker est de sortie, entraînant mon monocoque Imoca dans de longues séances de surf baignées d'embruns.

11–Bateau penché, allure au plus près du vent, le marin se fait dahu, solidaire de sa machine, du bras et du harnais.

1

2

3

4

5

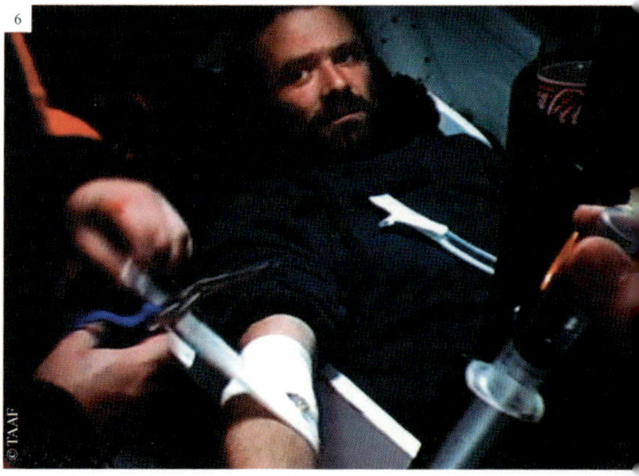

6

1–Intervention en bout de tangon. *Generali* plante dans un creux. Le choc est rude et humide. Rien en comparaison de ce que je connaîtrai le 18 décembre…

2–L'instant tant attendu de l'arrivée à mon bord des sauveteurs australiens, sous le regard vigilant et concerné de Marc Guillemot à bord de son *Safran*.

3–L'arrivée du *HMAS Arunta* de la Navy australienne. Solent à contre, *Generali* progresse livré à lui-même face au vent.

4–Le médecin australien est à bord de *Generali*, bientôt rejoint par un matelo une assistante. La délivrance approche.

5–Ils sont là. Mes sauveteurs sont à bord et s'enquièrent de la situation.

6–Privé de médicaments antidouleur « sérieux » depuis plus de quarante-huit heur j'attends avec impatience l'intraveineuse salvatrice…

1

2

3

4

5

6

1–Enfant, le temps de l'insouciance et de la découverte des plaisirs de la mer. Premiers bords en Optimist.
2–Aux côtés de Bruno Peyron et de sa dream team du Trophée Jules Verne 2005, victorieux en cinquante jours. Ma fierté d'avoir appartenu à une telle équipe.
3–Sortie en mer en famille, ma femme Soizic, ma fille Marie et Titouan, mon fils.

4–Un geste victorieux souvent renouvelé en Figaro ; ici, victoire à Porquerol dans la Generali Solo 2004.
5–Quatre générations d'Eliès ; mon grand-père Hervé, mon père, Patrick, et Titou mon fils.
6–Instants magiques, éternels, sel de ma vie, ces quelques bords tirés en fami quelque part le long des Côtes d'Armor.

© J. Campion / DPPI

6

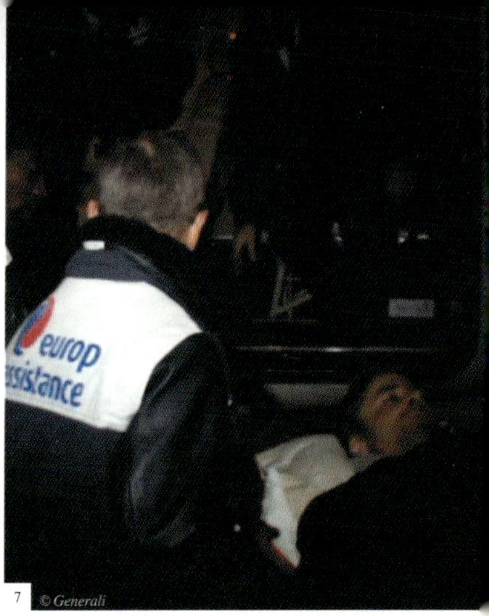

7 © Generali

8

© G. Martin-Raget / Generali

9

© O. Blanchet / DPPI

10

-« Little Big Man » Erwan Steff, au four et au moulin à Paris pour expliquer, conter, témoigner…
-Bref transit à l'aéroport du Bourget aux bons soins d'Europ Assistance pour 'envoler vers Lannion et ma Bretagne.
-Erwan Steff et Marie-Christine Lanne, directrice de la communication du groupe *enerali*. Pendant quatre jours et quatre nuits, ils ont mis de côté leurs émotions, leurs peurs et leurs angoisses pour faire face avec professionnalisme et efficacité aux péripéties de mon sauvetage.
9–Samantha Davies et Marc Guillemot, grands marins, professionnels de la voile, ont instantanément et sans arrière-pensée mis leur Vendée Globe, rêve de toute une vie, entre parenthèses pour voler à mon secours.
10–Retour en Bretagne, chez moi. Trestel, les sept îles, et le début de la reconstruction.

1

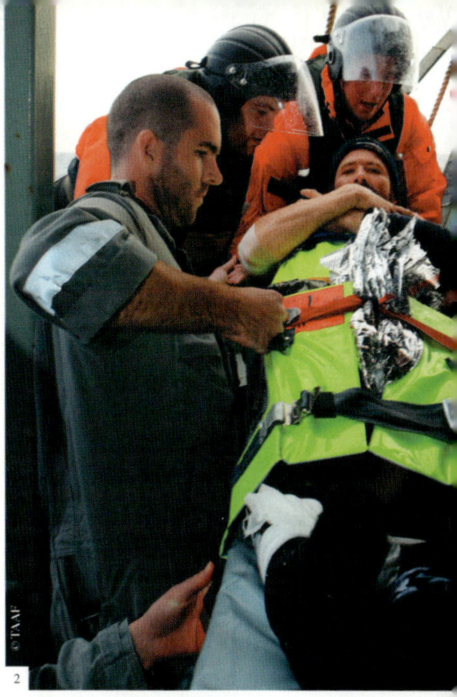

2

3

4

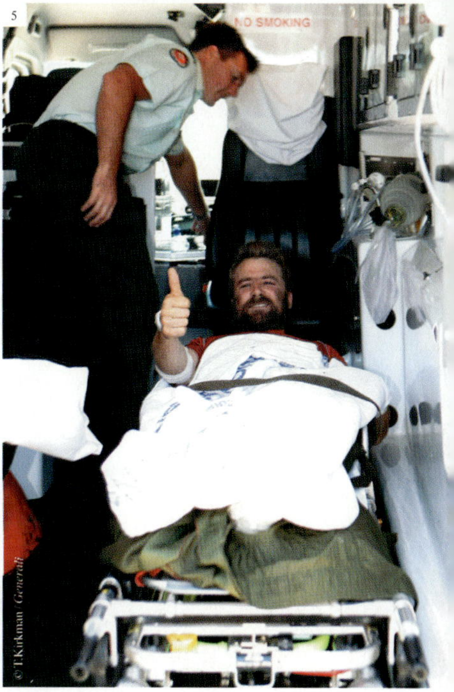

5

1–Arrimage du semi-rigide à la grue de l'*Arunta*. Je salue faiblement les marins australiens qui s'agitent sur le pont de la frégate.
2–À peine les secours arrivés sur le pont de l'*Arunta*, des mains expertes m'arrachent du semi-rigide pour me conduire à ma cabine.
3–*Thumbs up !* Merci aux boys. Je suis à bord du navire qui doit me conduire à l'hôpital.

4–Arrivée à Perth sous un chaud soleil d'été austral. Débarquement hautem médiatisé et sous le regard de Philippe Laot, à droite, monté m'accueillir à b de l'*Arunta*.
5–Pas un mot aux médias. Un geste convenu pour la photo. Vite, l'hôpital à p sent.

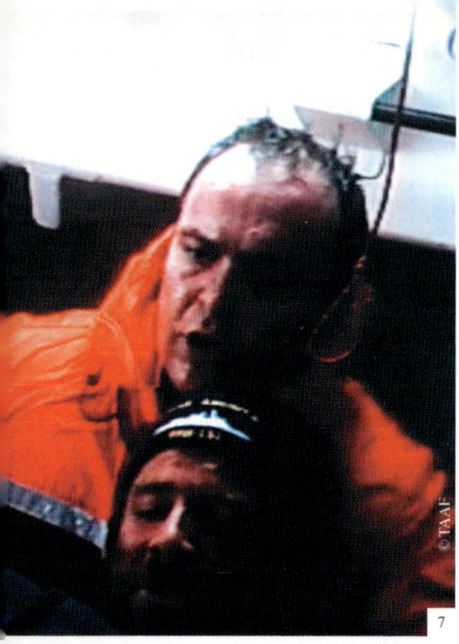

7

8

9

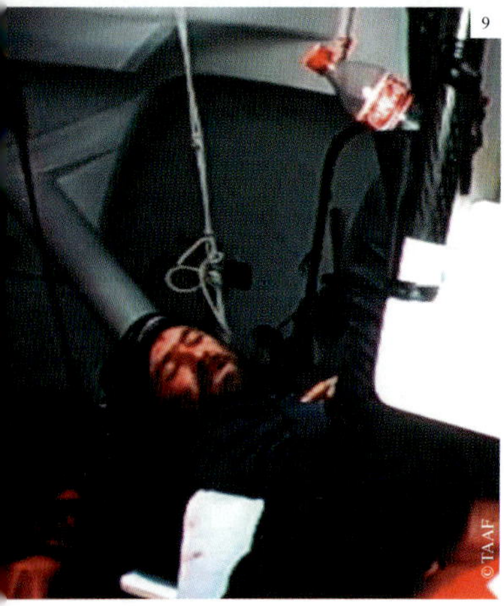

10

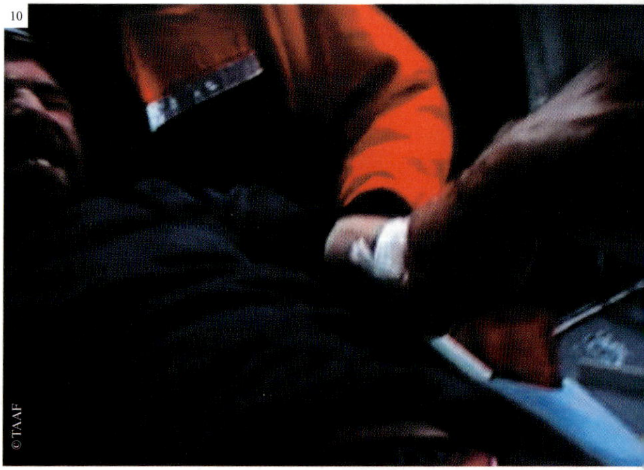

11

12

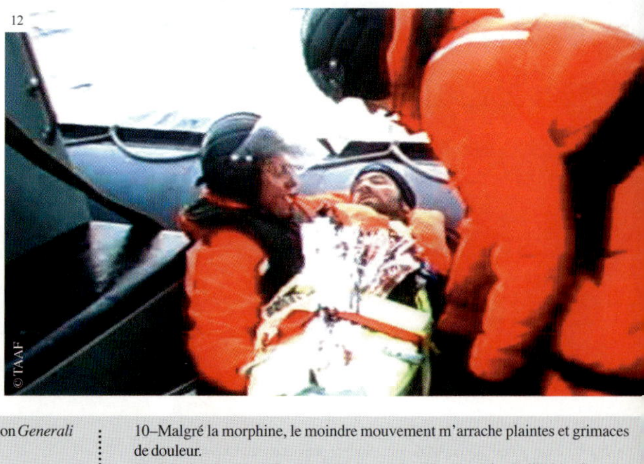

Manœuvrer un blessé impotent à l'intérieur de l'habitacle étroit de mon *Generali* llotté par les flots soumet mes sauveteurs à un effort inattendu.
La morphine me plonge dans un nuage bienfaisant…
On me tire, on me pousse, on tente avec mille précautions de m'extraire de abitacle…

10–Malgré la morphine, le moindre mouvement m'arrache plaintes et grimaces de douleur.
11–Je quitte *Generali*. Les sauveteurs ont réussi à m'extraire de l'habitacle et me font glisser du pont de mon bateau au fond de leur semi-rigide.
12–Sauvé !

CHAPITRE V

AUSTRALIA !

Le bruit des moteurs de l'*Arunta* au ralenti ne me parvient plus qu'à travers un magma cotonneux. Je nage littéralement dans la morphine. Je plane, je vogue… Ce n'est pas le sommeil, c'est presque mieux, car nul cauchemar ne vient agresser ma torpeur. Nous sommes à Perth en ce lundi matin 22 décembre, et le *HMAS Arunta* est venu sous un soleil radieux glisser le long de son quai et s'amarrer sous les objectifs de dizaines de caméras et d'appareils photo. La porte de ma cabine s'ouvre doucement. J'aperçois la bonne tête de Philippe Laot, suivi de Jean-Baptiste Epron et de Benoît Gilles. Je suis heureux. Ils tentent de m'adresser un sourire, mais je sens leurs regards inquiets. À cet instant, ils prennent véritablement conscience de mon état. Mes traits tirés, mes yeux rougis disent le calvaire que je traverse depuis le 18 décembre, depuis près de quatre jours déjà. On veut m'emmener. Je m'oppose aux bras qui me font glisser de la bannette à la civière rigide. Il faut que je parle à mes amis. Je leur explique l'accident, l'attente, la douleur, le sauvetage, Marco… Très vite, je les interroge sur l'avancée de leurs démarches pour aller chercher *Generali* qui dérive là-bas, loin au cœur du Grand Sud. Les choses ne se présentent pas au mieux. Si les tractations initiées depuis la France par Erwan Steff ont facilité la rapide mise en contact de Philippe Laot avec le propriétaire d'un bateau de pêche de Fremantle, la concrétisation de la mission rencontre un faisceau de difficultés administratives. Le bateau envisagé, capable de couvrir la distance et de prendre en remorque mon monocoque de 60 pieds, ne dispose pas des autorisations administratives pour entreprendre ce type d'armement. C'est un autre patron de pêche, fort bienveillant convenons-en, et probablement déçu de ne pas avoir été retenu pour cette même mission, qui en a « prévenu » les autorités maritimes afin de bloquer l'expédition. Le sauvetage de mon beau *Generali* pour lequel chaque heure compte, se trouve contrarié par des décisions qui échappent au domaine de compétence de mon équipe. Philoun tente cependant de me rassurer en m'informant de la forte implication des autorités françaises dans ce dossier, soutenu avec passion depuis la France par Philippe de Villiers. Je ne peux que partager avec mes amis français ma vive inquiétude sur le sort du bateau, dont la position et l'évolution sont à ce moment toujours connues et suivies par la direction de course du Vendée Globe. Je souhaite que Philippe et Jean-Baptiste aillent le plus loin possible dans la tentative de sauvetage du bateau… Puis la lassitude m'envahit. Sentant la délivrance, l'hospitalisation tant attendue si proche, mon esprit, soulagé par la présence en Australie d'hommes de confiance solides, s'abandonne totalement. Je n'aspire plus qu'à rejoindre enfin le lieu où les causes de mes souffrances apparaîtront et où des compétences spéciales pourront y remédier. Poli, comme on m'a appris à l'être, je salue et remercie Peter, le médecin, et demande à être conduit directement dans l'ambulance qui attend sur le quai. Je passe ainsi sans un mot devant les cameramen et les photographes qui me hèlent. Que pourrais-je bien leur dire ? Après quatre jours et quatre nuits de souffrances inouïes, j'ai consacré ce qu'il me restait de lucidité à expliquer et à analyser la situation de mon *Generali* à mon équipe technique. Je n'aspire plus qu'à m'abandonner aux bons soins des chirurgiens. Discours, points presse du commandant de l'*Arunta*, séances photos se feront sans moi sous le soleil de Fremantle. Que débute ma reconstruction.

En caleçon et t-shirt sous la couverture, je perçois dès le transfert vers l'ambulance le choc thermique de mon retour sur terre. Un soleil estival – c'est l'été dans l'hémisphère sud – baigne Fremantle et m'aide à sourire à ma condition. Je serre contre moi mes seules possessions : passeport, téléphone portable, carte bleue, et quelques souvenirs personnels… Tout est resté à bord de *Generali*, irrémédiablement perdu, je le sais. Peut-on imaginer contraste plus saisissant dans la condition d'un marin qui hier encore rêvait de liberté, d'absolue réalisation dans un sport de l'extrême librement choisi, avec l'aboutissement d'un retour gagnant aux Sables-d'Olonne, terme d'une circumnavigation en solitaire réalisée à la force du vent ? En quelques jours, mon destin a basculé, m'emmenant au plus proche de ma fin, et me laissant finalement brisé et nu sur un rivage australien. Aux portes du Royal Perth Hospital, je prends la mesure de la fragilité de ma survie, de la profondeur du gouffre qui m'a englouti, et d'où je vais devoir m'extraire, patiemment, méthodiquement, intelligemment, pour reconquérir jour après jour mon intégrité d'homme et de navigateur.

Philippe Laot se souviendra longtemps de cette semaine de Noël 2008. Alerté par Erwan le 18 décembre alors qu'il sirote paisiblement son café au cœur de la Bretagne, il n'imagine alors pas l'incroyable enchaînement d'événements qui va le mener à se trouver le jour de Noël en route vers le cœur de l'Océan Indien, à bord d'un chalutier australien, pour entériner la disparition pure et simple du voilier de course pour lequel il s'est consacré corps et âme trois années durant. Erwan, efficace et pragmatique, a dès le déclenchement des secours anticipé la nécessité d'envoyer en Australie les personnes les plus qualifiées de l'équipe pour ce type de mission. Philippe se trouve ainsi le 19 décembre à bord d'un avion en route pour l'Australie. Jean-Baptiste Epron le suivra à vingt-quatre heures d'intervalle. Philoun fait partie de cette race d'hommes aussi précieux que méconnus, marins, navigateurs, constructeurs et metteurs au point de voiliers de course. Son cursus comprend notamment une participation sur le Trophée Jules Verne qui lui a permis de sillonner en course tous les océans de la planète. Le Grand Sud australien lui est familier. Cheville ouvrière de la construction de *Generali*, il est le plus à même de suivre au plus près et avec la plus grande efficacité toute opération de sauvetage et de récupération du bateau. Arrivé à Fremantle, il se met en quête d'un navire capable non seulement d'affronter les mers du Sud, mais aussi de prendre en remorque un monocoque de 18 mètres. Il jette son dévolu sur l'*Ocean Wild II*, un chalutier de 20 mètres. Le lendemain, dimanche 21 décembre, il est, en compagnie de Jean-Baptiste Epron (ancien équipier comme moi du maxi-catamaran *Orange* de Bruno Peyron lors du trophée Jules Verne) et de Benoît Gilles (*Generali*), au bord du quai qui accueille la frégate *HMAS Arunta*. Les trois Français, à ma requête, ont reçu l'autorisation de monter à bord. La passerelle à peine sécurisée, ils sont invités par les marins australiens à rejoindre ma cabine. « J'ai trouvé Yann fatigué, très cohérent, mais surtout très effrayé, racontera plus tard Philoun. Yann avait vécu l'enfer à bord de l'*Arunta*. Il n'avait aucune confiance dans les diagnostics établis. Il était très inquiet sur la réalité de son état. Il tenait absolument à nous raconter tout ce qu'il savait du bateau... » À l'heure où mon ambulance m'emportait vers le Royal Perth Hospital, le chalutier était censé appareiller. Philoun et Jean-Baptiste rejoignent son bord juste pour s'entendre dire que le patron ne dispose pas encore des autorisations de départ. Philoun et Jean-Bat me rejoignent dans ma chambre pour ma première soirée à l'hôpital. Le lendemain matin, Erwan arrive. Toute mon équipe peut établir un plan de recherche, en coordination avec les MRCC, la direction de course et Sylvain Mondon, de Météo France. C'est alors que tombe l'information tant redoutée. La balise Cospass-Sarsat tribord s'est déclenchée ! Déjà la route erratique du voilier et sa vitesse tombée à moins d'un nœud laissaient présager le pire. L'émission d'un signal en provenance de cette balise à déclenchement soit manuel, soit automatique (par hydrostatie[1]) signifie clairement que le bateau est en train de se remplir d'eau. La donne du problème s'en trouve bouleversée. Le bien-fondé d'une expédition coûteuse et risquée reste à présent à démontrer. Le problème bascule à ce point chez notre partenaire *Generali*. L'assureur londonien du bateau nous envoie un expert chargé d'évaluer la situation et de déterminer les mesures à prendre. Philoun, Jean-Bat et Erwan le rencontrent à Perth et lui dressent le tableau de la situation : dernières positions connues, architecture du bateau, avis du concepteur du bateau, Pascal Conq… Un survol aérien est envisagé, mais l'idée est vite abandonnée, car peu efficace. L'expert devient alors le véritable donneur d'ordres aux chalutiers. Il sonne le départ. Philoun et Jean-Bat montent à bord, plus par acquit de conscience et par fidélité envers moi que pour toute mission de sauvetage : « Nous

1–Hydrostatie : *Balise hydrostatique :* balise étanche se déclenchant au contact de l'eau et émettant un signal permettant l'identification et le positionnement du bateau par satellite.

sommes convaincus que le bateau est rempli d'eau, entre deux eaux et prêt à couler », me précisera Philippe beaucoup plus tard. La météo se dégrade. C'est la veille de Noël, et mes deux hommes de confiance embarquent avec cinq hommes d'équipage à bord de l'*Ocean Wild*. Toutes les quatre heures, les MRCC australiens leur communiquent la position du voilier. À huit nœuds de vitesse, le chalutier commence à se faire méchamment chahuter par la grosse houle de l'océan. Au matin du troisième jour de mer, le capitaine décide de lancer la fabrication de glace dans ses cales, afin de ballaster le bateau. Peine perdue, l'*Ocean Wild* roule d'un bord sur l'autre, demeurant parfois de longues minutes « sur la tranche ». Le capitaine garde une attitude stoïque. Son équipage commence, lui, à s'interroger sérieusement sur la finalité de notre démarche. En Australie, Erwan ne lâche pas l'expert, le questionnant aussi sur l'intérêt de cette affaire. Le vendredi 26 au soir, *Generali* cesse d'émettre. L'idée première de l'expert est de maintenir le chalutier sur zone jusqu'à confirmation complète de la disparition de *Generali*. À grand-peine Erwan et Philoun parviennent à le convaincre de les autoriser à faire demi-tour, actant de fait la disparition du voilier. Philoun retrouve la terre le 30 décembre, un peu groggy lui aussi par ce maelström d'événements contraires qui vient de réduire à néant un projet vieux de trois années.

En quelques minutes, après un trajet agrémenté par la conversation professionnelle et cordiale d'un infirmier australien, je parviens à cet hôpital tant espéré depuis quatre jours et quatre nuits. Trois aides-soignants, l'un chinois, l'autre indien et le troisième pakistanais, m'accueillent. Très vite, mon brancard roule vers une grande salle blanche où je distingue des appareils de radiographie. En quelques instants, une quinzaine de personnes se pressent autour de moi. On me palpe, on me parle, on radiographie ma jambe, on m'inspecte sous toutes les coutures, y compris les plus intimes, « passage » obligé pour détecter une éventuelle fracture du coccyx... Les questions fusent, en anglais. Ces gens me parlent comme si je maîtrisais la langue de Shakespeare ! Je crois discerner quelques premiers diagnostics. Puis un silence se fait, et un médecin, l'air grave, m'interpelle : « De quelle hauteur précisément êtes-vous tombé ? » J'ébauche un sourire et évacue d'un geste la question. Je n'ai plus la force de raconter à nouveau mon histoire. Le diagnostic de mon fémur brisé est sans surprise. Je m'alarme en revanche à l'évocation des quatre vertèbres cassées. Il faut m'en dire plus ! Est-ce grave ? Quelles conséquences pour mon autonomie future ? Oui, je crains la paralysie. On me rassure, ce sont les apophyses transverses qui sont cassées, ces petites « ailettes » qui parent chaque vertèbre de part et d'autre de la colonne vertébrale. Le système nerveux n'est pas touché. Mon pouls reprend un rythme normal. Mon bassin est, comme j'en ai toujours été convaincu, cassé. Aucune confirmation, en revanche, de fractures des côtes, ainsi que Peter, le médecin de l'*Arunta*, me l'avait annoncé.

Un jeune médecin, assistant du professeur Scherryill, qui doit m'opérer, me prend en charge. Tout en lui respire la certitude, la force tranquille de « l'homme qui sait ». Il m'explique tout, sa démarche à venir, l'opération, les traitements, les prises en charge… Tout semble aller très vite, avec pragmatisme et efficacité. Passé cette phase de diagnostic et de radiographies, on m'installe dans une chambre. J'y retrouve Benoît Gilles, du groupe *Generali*. Sa parfaite connaissance de l'anglais facilite les échanges avec les médecins australiens. Le jeune assistant du professeur Scherryill est de nouveau à mon chevet. Il s'installe dans une chaise et entreprend de m'expliquer l'opération envisagée. Une tige hélicoïdale va être enfoncée dans l'os, sur toute la longueur de mon fémur, depuis la hanche jusqu'au genou, permettant le réalignement parfait des deux extrémités brisées. Un risque d'embolie existe, si des amas graisseux venaient à pénétrer mon réseau sanguin. Ce jeune médecin s'applique ainsi à me décrire les détails techniques de son intervention, sans, me semble-t-il, omettre les risques et les dangers de cette opération. Il est alors un peu plus de 16 heures heure locale, et, à ma grande surprise, le médecin me propose de réfléchir à la solution proposée, et de lui donner, ou non, mon assentiment vers 18 heures. Il me suggère de prendre des avis en France. Une telle franchise alliée à une telle décontraction me laisse pantois. J'appelle donc le docteur Yves Lambert, médecin et ami qui me suit depuis de nombreuses années. Yves me confirme d'emblée le bien-fondé de cette technique, la plus à même, selon lui, de garantir la parfaite réparation de l'os, la moins handicapante aussi durant la phase de rééducation. Je donne sans la moindre réserve mon assentiment au professeur Scherryill. Il m'annonce pouvoir procéder à l'opération dès le lendemain matin – les premières heures du jour sont, selon ses dires, les plus propices aux interventions chirurgicales, l'organisme bénéficiant du repos bienfaisant de la nuit.

Dire que je suis soulagé est un *understatement*, comme disent les « Aussies[1] ». Régulièrement, des infirmiers ou des infirmières pénètrent dans ma chambre, m'auscultant, s'assurant de mon confort, et surtout s'enquérant en permanence de ma douleur : *Your pain, what about your pain* ? Ce mot jamais prononcé à bord de l'*Arunta* revient au Royal Perth Hospital en permanence dans la bouche du personnel médical qui m'entoure. Sur une échelle de un à dix, on me demande d'évaluer ma douleur. À trois ou quatre, tout va bien. Passé la note de huit, on accourt avec de la morphine. Cette prise en charge du monstre Douleur, en ce soir du 22 décembre, est ma première victoire, après ces heures, ces jours passés seul, démuni face à « lui ». Cette première nuit australienne, dans l'attente de l'opération réparatrice, se passe ainsi, dans la douce torpeur prodiguée par la morphine, avec la certitude que l'opération va marquer le point final de mon interminable descente aux Enfers. Demain, je touche le fond et donne ce coup de pied qui va me remonter vers la surface. Une confiance absolue

1–Aussies : Diminutif du mot Australien.

m'habite. Je ne redoute pas l'épreuve du billard. Elle signifie pour moi le début de la reconstruction. Alors que la nuit tombe sur Perth, Philippe Laot et Jean-Baptiste Epron, toujours en quête de solutions pour armer un navire de sauvetage, et dans l'attente des sacro-saintes autorisations, viennent me rendre visite. La petite bouteille de champagne de Mike Golding est la bienvenue, et je connais un vrai et simple moment de bonheur en retrouvant cette amitié si particulière qui lie les gens de mer. Benoît Gilles gère désormais le problème de la barrière de la langue. Je me laisse aller à la bonne humeur communicative de mes amis et équipiers dans la langue de Molière. On m'apporte un repas, car l'opération est reportée à la mi-journée du lendemain, mardi 23 décembre. Le jeûne n'a plus lieu d'être. Ma femme Soizic, mes enfants, mes parents et Erwan Steff sont dans l'avion. Je ne peux donc les joindre, mais je sais qu'au sortir de l'anesthésie ils seront là. Je m'endors, pour la première fois depuis le 18 décembre, débarrassé des démons de l'angoisse et de la peur.

Ce sont de nouvelles aides-soignantes qui me réveillent le lendemain matin. Elles viennent pour la toilette du matin, et je m'alarme à l'idée qu'elles semblent tout ignorer de ma pathologie. Elles veulent m'empoigner avec vigueur pour me mettre sur le côté. Je tente d'expliquer ma jambe cassée, mon bassin et mon dos « intouchables », mais rien ne les arrête. Mon caractère bien breton refait vite surface pour leur faire comprendre avec des mots bien sentis que je ne me laisserai pas trimballer comme un ballot de linge sale. Bretagne 2, Australie 1. Statu quo. La matinée se passe tranquillement, seulement entrecoupée de la visite de personnels administratifs qui viennent s'enquérir de mon identité, de mon âge, de mon adresse, etc.

Arrive l'heure de mon départ pour la salle d'opération. J'y découvre le professeur Scherryill, dont je ne conserve que l'imprécis souvenir d'un détail incongru. Il est chaussé de hautes bottes de plastique blanches. Je reçois l'anesthésie en m'interrogeant ironiquement sur le genre de boucherie que l'on pratique ici.

J'émerge de l'intervention plus de trois heures plus tard. J'erre dans un monde irréel. La réalité de ma chambre se mélange avec les hallucinations les plus ubuesques. D'étranges images dansent dans mon champ de vision. Je lutte contre une apathie pleine de visions loufoques. Je me sais éveillé, mais la réalité se dérobe à moi. Durant plus d'une heure, je serai aux prises avec ces hallucinations. Est-ce la morphine, mêlée au produit anesthésiant, qui me fait ainsi divaguer ? Il me faudra attendre près de vingt-quatre heures pour que ces nimbes qui emprisonnent mon cerveau disparaissent vraiment. Durant tout ce temps, il m'est impossible de dormir. Le simple fait de fermer les yeux déclenche le déferlement d'images glauques et bizarres. Les médecins et les aides-soignants semblent connaître ce phénomène. Ils décident de varier les produits antidouleur. Je suis sous perfusion, avec le petit boîtier « magique » qui déclenche, dès que le besoin s'en fait sentir, la dose bienfaisante.

L'intervention, si elle a duré deux fois plus longtemps que prévu, est un succès. Mes muscles rétractés ne se sont guère montrés coopératifs, et les médecins ont lutté pour replacer l'os. L'introduction du long clou a été lente et difficile. Curieusement, je ne conserve de cette délicate opération qu'une petite cicatrice d'une dizaine de centimètres au niveau de la hanche, l'orifice par lequel l'enclouage centromédullaire a été effectué.

J'en suis à ces toutes premières considérations, quelques minutes seulement après ma sortie du bloc opératoire, quand une femme fait irruption dans ma chambre. Elle se présente comme la responsable de la communication de l'hôpital et souhaite connaître à quel moment je compte m'exprimer devant la presse. Elle se dit harcelée de demandes pressantes de médias australiens mais aussi européens, et me déclare pouvoir gérer mon planning presse à ma convenance. Tout à mon état hallucinatoire, je ne comprends pas un traître mot de son charabia. Je peste contre Benoît Gilles, que j'avais expressément chargé de gérer ce type de sollicitations. J'apprendrai plus tard que l'infortuné Benoît est victime de notre propre dispositif d'étanchéité face à la presse. Nous avions en effet demandé aux services de sécurité de l'hôpital de ne laisser entrer personne d'autre que les membres de notre petit groupe dûment répertorié. Las, Benoît, ayant oublié ses papiers à l'hôtel, se trouvait, au moment de mon réveil, bloqué à l'extérieur des bâtiments par des vigiles très à cheval sur les directives.

Je décide de ne pas communiquer avec les médias australiens. Le « sensationnalisme » de mon aventure m'échappe complètement. Je ne prends pas la mesure de la curiosité que mon accident a générée. L'épreuve que je viens de vivre m'a contraint à recentrer de manière égoïste toutes mes préoccupations sur ma survie, sur ma reconstruction. Lorsque je pense à l'extérieur, mcs idées vont vers mon bateau, son sauvetage de plus en plus improbable, et vers mon avenir brouillé d'homme, de sportif, de marin… Ces considérations m'appartiennent. Il me tarde de les partager avec des êtres chers, parents, femme, enfants et amis que je m'attends à voir franchir d'un instant à l'autre la porte de ma chambre d'hôpital. Je ne vois là aucune place pour un journaliste. Je sais aussi que l'expédition de l'*Arunta*, navire de la marine australienne, a immanquablement réveillé de vieux démons dans une certaine presse. Les sauvetages par le passé de marins français ou étrangers en perdition lors de courses océaniques, Thierry Dubois, Tony Bullimore, Raphaël Dinelli ou Isabelle Autissier, ont chaque fois déclenché dans la presse australienne l'inévitable cabale sur la prise en charge par les moyens et l'argent public australiens de coûteuses opérations de sauvetage... Je ne me sens ni la force ni la légitimité nécessaires pour prendre à mon compte un argumentaire déjà maintes fois développé sur les accords internationaux, la réciprocité des faits ou les missions de la marine australienne, qui n'a, somme toute, fait qu'effectuer un exercice grandeur nature avec des moyens humains et matériels normalement à sa charge.

En ce 23 décembre, avant-veille de Noël, mes pensées bondissent vers ma famille. J'ai le désir simple de profiter de cette étrange conjoncture pour m'immerger totalement et sans retenue dans le cocon de l'amour familial. Je sais d'où je reviens. Je devine les peurs, les pleurs, et les angoisses que j'ai suscités. Il me tarde de m'en expliquer et de les exorciser. Je veux jouir intensément de la présence de ceux que j'ai failli perdre irrémédiablement. Cette chambre d'hôpital, si éloignée de l'environnement idyllique d'une fête de Noël par essence familiale, sera le cocon préservé, protégé des sollicitations extérieures, et propice à la réunion des êtres les plus chers.

L'après-midi australien est bien avancé quand ma femme Soizic, mon père, ma mère, mes enfants, Marie et Titouan, ainsi qu'Erwan, font leur entrée. La chambre est encore ensoleillée. Je suis étendu sur un simple lit, sans attelle ni suspensoir trahissant la gravité de ma blessure. Seule la perfusion révèle ma condition. Ils entrent, vaguement souriants, inquiets, muets. Je souris, j'embrasse, et chaque regard, chaque visage décuple l'émotion qui m'étreint. Je vois, à travers le brouillard de mes larmes, les yeux rougis de Soizic. Titouan, petit dur de six ans d'âge qui joue les turbulents, rompt de ses facéties la tension palpable du moment. Marie s'est parée d'un air grave. Mon père, ma mère, sourient aussi. Nul besoin de paroles. Je sais, je sens ce qu'ils ont enduré. Discret, comme s'il prétendait ne pas appartenir à ce cercle chéri de mes intimes, Erwan Steff s'avance. Il m'embrasse, plaisante, et l'intensité de son étreinte vaut les plus beaux discours. Je pleure. Je n'ai rien à leur cacher, aucun rôle à jouer. Je raconte tout, ne leur épargnant aucun détail, ne déguisant aucune situation. Ils sont ma chair et mon sang, connaissent la mer et le prix à payer pour s'y aventurer. Je décris l'accident. Ils me voient à l'avant de *Generali*, exposé comme jamais aux mâchoires de l'océan. Je dis l'accélération du bateau, le fracas de la vague et mon corps explosé, pendu devant l'étrave... J'explique ma révolte à rester vivant, mon combat pour remonter à bord et appeler au secours... La suite leur est connue. C'est l'ampleur des douleurs endurées qui les atterre. Voilà. Tout est dit. Il fallait que cela sorte, que je me vide de ces images devant ceux que j'aime. On pleure. On se regarde. Marie et Titouan semblent gênés. Le dérivatif est vite trouvé. Noël est là. Demain 24 décembre, Titouan pourra attester que le grand monsieur à barbe blanche et costume rouge sévit aussi de ce côté-ci de la planète.

Le lendemain, veille de Noël, mes parents arrivent les bras chargés de victuailles, sushis et autres délicatesses. Ils ont passé la journée à Perth, visitant ce petit coin d'Australie. Ma chambre d'hôpital accueillera donc un réveillon à la française, auquel je convie naturellement, en plus de ma famille, Philoun, Jean-Bat et Benoît Gilles. La journée n'aura guère été de tout repos pour moi. Est-ce la morphine, ou je ne sais quel choc postopératoire ? Je ne parviens toujours pas à trouver le sommeil. Aux premières heures du matin, en ce 24 décembre, le professeur Scherryill, qui m'a opéré, fait irruption dans ma chambre accompagné d'une cohorte d'infirmières et d'aides-soignants. Tel un général en campagne, il va droit au but, soulève mon pansement, s'empare de ma jambe, qu'il tâte en me déversant un flot de paroles auxquelles, dans ma surprise et mon étonnement, je ne comprends goutte. Avant que j'aie eu le temps de réaliser l'importance et l'intérêt de cette visite postopératoire, tout cet état-major a tourné casaque et s'en est allé, me laissant seul avec les mille et une questions qui agitent mon esprit.

Persuadé d'avoir manqué l'unique opportunité de faire un point précis avec la sommité qui m'a opéré, je sonne la responsable du service et lui exprime mon besoin de savoir, de comprendre mon état, son évolution et ses possibles séquelles. Elle revient bientôt vers moi accompagné d'un assistant du professeur et d'une interprète. On prend alors le temps de m'expliquer par le menu la nature de mon opération, les évolutions espérées, les grands principes de la rééducation à observer… À ma question la plus brûlante : « Combien de temps pour récupérer totalement mes moyens ? », tombe la sentence : « six mois ! ».

Ce réveillon est une réussite. Marie et Titouan ont leurs cadeaux, l'apéro dînatoire improvisé avec notre délégation de Frenchies fait oublier les larmes de la veille. Bien qu'immobilisé au fond de mon lit, je suis heureux de les savoir soulagés. La vie est là, qui essuie les larmes, gomme les souffrances de l'âme. Les douleurs du corps restent pour moi une réalité. Dès le lendemain 25 décembre, contrecoup de l'euphorie de la veille peut-être, je connais une terrible attaque de déprime. On a diminué mes doses de morphine, et je découvre avec horreur ma dépendance. Il faut pourtant l'éviter, et il me faut déjà passer à des médicaments antidouleur plus « soft ». La guérison de mes vertèbres et de mon bassin prendra encore quelques jours, durant lesquels tout mouvement, même, sans quitter le lit, me sera pénible. Quant à ma jambe, la sentence du professeur est sans appel : six mois de combat, six mois pour regagner motricité, souplesse et force m'attendent… Une éternité !

Les nouvelles de *Generali* participent aussi à miner mon moral défaillant : dans la nuit du 24 au 25 décembre, la compagnie d'assurance qui gère le dossier du bateau a enfin autorisé le départ de l'expédition de recherches mise en place par Erwan, Philippe et Jean-Baptiste. Le navire de pêche où ces deux derniers ont pris place, *l'Ocean Wild II*, fait route au sud à petite vitesse. La mer est forte, et leur navigation s'annonce des plus inconfortables. Il faut pourtant y aller, ne serait-ce que pour démontrer à l'assureur que l'impossible a bien été tenté pour récupérer le voilier. Philoun et Jean-Bat embarquent pour ce qu'ils savent être une mission impossible. En effet, le signal émis par la balise Argos de *Generali* s'est fait de plus en plus intermittent depuis le 23 décembre. C'est la balise Cospass-Sarsat, qui se déclenche par hydrostatie, au contact de l'eau, qui a pris le relais le 24 décembre. Erwan et mon équipe y voient le signe évident que mon beau voilier est en train de sombrer, et que la cabine où se trouve cette balise est remplie d'eau. La trace de la trajectoire du bateau, suivie par la direction de course et les MRCC australiens montre un brusque virement sur la droite, suivi d'un arrêt. Erwan se débat avec ce complexe dossier d'assurance. Il continue d'assumer le relais entre la France et les autorités maritimes australiennes. Il garde bien entendu un étroit contact avec *l'Ocean Wild II* et notre équipe de l'impossible sauvetage. Il demeure aussi le lien privilégié des médias français, qui poursuivent leurs sollicitations. Erwan me rend compte chaque jour de cette difficile situation. Un survol de la dernière zone connue de *Generali* est envisagé. Mon beau voilier s'est, depuis que je l'ai quitté, considérablement rapproché de l'Australie, dont il n'est plus désormais éloigné que de 600 milles. Cette initiative nous apparaît rapidement vaine et inefficace. Notre certitude de marins est acquise : *Generali* a probablement sombré corps et biens. À 18 h 40 en ce vendredi

26 décembre, le satellite ne relève aucun signal par 36 degrés 50 de latitude sud et 116 degrés 50 de longitude est, dernière position connue de mon monocoque Imoca[1] 60. L'assureur autorise le navire de pêche *Ocean Wild* à faire demi-tour, mettant fin à près de quarante-huit heures de calvaire pour Philoun et Jean-Bat, embarqués par une météo dégradée sur ce bateau inadapté pour le Grand Sud, et dont l'équipage, apprendront-ils plus tard, ne s'était jamais aventuré si loin dans ces contrées hostiles…

Mon voilier disparu, reste à faire digérer au mieux cette information à toutes les personnes concernées, au premier rang desquelles figure mon sponsor « historique », *Generali*. Sa direction avait dès les premières heures de mon accident consacré toute son énergie et tout son intérêt à mon sauvetage, reléguant la perte du bateau à une simple question matérielle. Il m'importe alors de prendre toutes les précautions oratoires dans la présentation de ce rebondissement. C'est ce que je m'applique à faire le 26 décembre en acceptant ma première intervention médiatique. C'est une interview réalisée depuis ma chambre, « dans les conditions du direct », avec le journal de 13 heures de TF1. Je perçois à cette occasion tout l'émoi que ma mésaventure a suscité en France. C'est bien à ma petite personne, à mes souffrances et à mon désarroi que l'on s'intéresse. La machine passe au second plan, et c'est tant mieux.

1–Imoca : International Monohull Open Class Association

Confiné dans ma chambre d'hôpital, entouré des miens, je n'en ai pas encore terminé avec le service hospitalier australien. J'ai, dès le jour de Noël, la surprise de voir entrer une jeune femme qui se présente à moi comme « ergothérapeute ». Elle m'intime ni plus ni moins l'ordre de me lever. Je la regarde, interloqué. Elle m'explique que mon organisme, reins, système digestif, circulation sanguine... a besoin de mouvements, de verticalité. Que l'apathie est en ce moment mon pire ennemi. L'effort me semble irréalisable en ce 25 décembre. La jeune médecin n'en prend pas ombrage et me promet de repasser chaque jour jusqu'à ce que je sois décidé à bouger. Et de fait, le lendemain à la même heure, elle entrebâille ma porte. Soizic et Erwan sont à mon chevet. Ils m'encouragent à obtempérer. Avec leur aide, je tente alors non seulement de me redresser, mais de m'asseoir sur le bord du lit. Tous deux m'agrippent, soutenant ma jambe, m'offrant l'appui de leurs bras, et parviennent à me redresser en position assise sur le rebord du lit. C'est une première victoire, car, rapidement, on me facilite l'accès à un fauteuil roulant. Je peux ainsi quitter ma chambre, déambuler dans les couloirs, et aller goûter à l'extérieur de l'hôpital au chaud soleil australien. Très excité, j'appelle mes parents toujours en villégiature du côté de Perth, leur demandant de venir avec mes enfants. Ils arrivent et se réjouissent de me voir ainsi autonome. Seul Titouan semble renfrogné. Je le prends à part et je réalise vite que la vision de son père dans un fauteuil à roulettes lui renvoie l'image dramatique de celle de son oncle, mon frère Antoine, rivé à vie dans cette condition de handicapé. Les yeux dans les yeux, j'explique avec fermeté à mon petit bonhomme que ma situation n'est que provisoire, que je vais non seulement bientôt remarcher, mais que je suis et demeure un marin, un navigateur qui retrouvera tôt ou tard la barre d'un voilier de course. Le soir même, après quelques échanges avec Erwan, je me fais la promesse d'être au départ de la prochaine édition de la Solitaire du Figaro, épreuve qui m'a révélé, dans laquelle je me suis affirmé et qui se déroule traditionnellement en août.

Mon moral connaît des fluctuations dignes des bourses financières marquée en cette fin d'année par les krachs boursiers. Au plus bas quand l'immensité de la route de ma reconquête physique m'apparaît dans toute son infinie lenteur, mon humeur remonte avec les visites inopinées de deux autres navigateurs comme moi malchanceux du Vendée Globe : Mike Golding, que j'ai croisé sans le voir à bord de l'*Arunta*, arrive à bord d'*Ecover III*, au moteur et sans mât ni gréement à Fremantle. Il frappe bientôt à la porte de ma chambre d'hôpital. Je le connais peu, mais il fait sans conteste partie des marins qui m'impressionnent. En course, et dès l'entrée dans les grandes latitudes sud, il m'avait époustouflé par sa capacité à accélérer et à maintenir des cadences élevées quand le reste de la tête de la course, où j'évoluais alors, ne songeait qu'à lever le pied et à préserver l'intégrité de ses bateaux. Malgré la barrière de la langue et une approche culturelle différente de la course au large entre Français et Anglo-Saxons, le courant s'établit, sur des considérations sportives et des schémas techniques et tactiques. On parle de la course, de la casse, des évolutions technologiques de nos voiliers... Mike m'apparaît fort, serein, avec déjà des idées bien arrêtées sur l'avenir de la classe Imoca.

Le 28 décembre, le Suisse Dominique Wavre, victime de problèmes de quille, est parvenu à regagner Perth par ses propres moyens. Sa première visite est pour moi et j'en suis ravi, tant Dominique est un personnage délicieux de gentillesse et d'intelligence. Sa sollicitude simple et sincère me touche beaucoup. Du plus profond de mon lit de douleur, je ressens à son contact et à celui de Mike la fierté d'appartenir à cette race unique de marins qui s'est lancée en solitaire à l'assaut du globe. Eux ont déjà connu l'immense satisfaction d'en boucler seuls la circumnavigation. Nous parlons d'égal à égal, évoquons les mêmes sentiments, les mêmes sensations, les mêmes analyses. À leur écoute, je ressens que loin, très loin dans mon esprit chahuté brillent toujours la petite lumière et l'envie d'y retourner.

Je commence à penser à la France. J'ai le sentiment d'avoir fait le tour de ce que le Royal Perth Hospital pouvait m'apporter. Le bateau perdu, la logistique du sauvetage puis du rapatriement de *Generali* n'existe plus. Quant aux vacances dans ce merveilleux continent, je les renvoie à des calendes ultérieures. L'urgence est au retour en France, en Bretagne.

Benoît Gilles, représentant de *Generali*, fait des merveilles et concocte avec Europ Assistance, filiale de *Generali*, tout le programme d'une expédition de retour qui va me ramener, via quelques escales, jusqu'à ma chère Bretagne. Le départ est programmé pour le 30 décembre. Toute notre petite délégation, famille et équipiers, va m'accompagner sur deux vols réguliers, au départ de Perth vers Singapour, puis de Singapour vers Paris. Point d'avion médicalisé, mais toute une rangée de sièges réservés pour accueillir ma civière, à faible distance de mes proches, et sous la surveillance omniprésente de médecins venus de Singapour, et qui parlent un anglais similaire au mien, dans l'approximation. L'installation de ma civière est à chaque fois problématique. Parfois cocasse aussi, et je ris tout bas de me trouver pour l'embarquement sur le monte-charge à l'arrière des appareils, pénétrant par les portes cargos, entre poubelles et chariots repas. Les médecins sont ravis : leur mission va leur permettre de passer le premier jour de l'année 2009 dans la Ville lumière. Sous antidouleurs, je suis heureux de ce retour, en compagnie de mes proches qui me dorlotent et que j'aperçois de loin en loin durant le vol. C'est à Paris que survient la séparation. Un vol spécial doit m'emmener depuis l'aéroport du Bourget jusqu'en Bretagne. Mes parents retrouvent leur véhicule et regagnent par la route, en compagnie des enfants, notre maison. Soizic et les médecins montent avec moi dans un petit bimoteur à hélices.

6 heures du matin ce 31 décembre, la crise boursière et financière sévit en France et monopolise les unes des médias.

Mon petit bimoteur se glisse sous la couche des nuages et prépare sa descente vers la Bretagne. Un immense soleil rouge darde ses rayons d'hiver au-dessus de l'aile droite de l'appareil. Les côtes de la Manche m'apparaissent par le hublot. Mon regard plonge dans le vert émeraude de ma chère Bretagne.

CHAPITRE VI

TRESTEL

Le bimoteur affrété par Europ Assistance pour effectuer le trajet Paris-Lannion se pose en Bretagne en fin de matinée le mercredi 31 décembre 2008. Dernier jour de l'année. Dernier jour d'un long périple dont je ne sais si je dois retenir pour lieu et date de départ Fremantle, voici trente-six heures, ou Les Sables-d'Olonne, le 8 novembre dernier. Trente-huit jours de mer en course à la barre d'un vaillant voilier, deux jours en survie et en solitude quasi totale, si ce n'est la réconfortante présence de Marc Guillemot, au cœur du Grand Sud, après m'être brisé le fémur, deux jours de sauvetage aux mains des marins australiens, et six jours aux bons soins des médecins de ce pays de l'autre côté de la planète. Je contemple ce ciel bleu zébré de grands stratocumulus depuis ma civière, que l'on pousse sur le tarmac de l'avion vers une nouvelle ambulance. L'air me paraît d'une étonnante pureté. J'y plonge mes regards avec avidité alors que je roule vers une nouvelle destination, base générique de ma reconstruction, le Centre de rééducation et de réadaptation fonctionnelles de Trestel. Situé dans les Côtes-d'Armor, cet établissement sanitaire est tout près de chez moi, en bord de mer. Lorsque l'ambulance débouche en un dernier virage et plonge vers la plage, un extraordinaire paysage pourtant si familier me tire une vague d'émotion venue du fond de mes souvenirs d'enfance. La mer est là, avec sa mousse d'écume blanche immaculée qui vient lécher les roches. Elle bouge, ondule, paresse d'île en île, mêlant son vert émeraude à l'azur du ciel. L'ambulance pénètre dans un vaste parking en bordure d'un croissant de plage aux senteurs d'embruns et de sel dont l'intensité me fait presque vaciller. Soizic et un médecin d'Europ Assistance sont toujours à mes côtés. Nous traversons le désert du parking. Il fait froid. J'aperçois un vaste ensemble de bâtiments blancs aux larges fenêtres ouvertes sur le large. Sentir la mer si proche et si présente physiquement me fait un instant oublier l'angoissante froideur des couloirs d'hôpital que je traverse à grande vitesse. Ascenseur, nouveaux couloirs, des chambres… Pas âme qui vive. Chambre 312. Au fond du couloir. C'est là. On m'indique les détails de mon nouveau logis, sanitaires, lit médicalisé, télévision allumée dès 10 heures du matin sur les programmes de France 3 Bretagne… Je n'ai d'yeux que pour mes chères îles qui chantent devant ma fenêtre. « Les repas se prennent dans la salle commune à partir de midi. » Je décline la proposition. Je ne me sens pas prêt à affronter d'autres regards que ceux des miens. Je sens monter aussi une insondable solitude. Je suis au pied de l'immense falaise de ma reconstruction. La voix du professeur Scherryill, qui m'a opéré, résonne encore dans mon esprit fatigué : « Six mois ! » Six mois pour recouvrer tous mes moyens physiques. Six mois pour être en mesure, conformément à la promesse faite à mon fils et à toute mon équipe, de disputer en août prochain la Solitaire du Figaro. 31 décembre 2008, ironie du destin, j'attaque un calendrier vierge. 2009, année zéro. C'est pour demain.

Un kiné se présente à moi : Éric, jeune, tout en rondeur. Son sourire et sa jovialité me sont précieux en ces instants. Il m'interroge un moment sur l'état de ma jambe, mes sensations, mes réflexes. Tout en lui respire la bonne humeur, l'inébranlable optimisme. Il blague, parvient, ô miracle, à m'arracher sourires et rires malgré l'énorme boule qui m'obstrue la gorge. Il m'annonce le programme. C'est lui qui va « s'occuper de mon cas », en compagnie de Karine, petit bout de femme débordante d'énergie. Je dois surtout « ne m'inquiéter de rien ». Le lendemain est un jeudi 1er janvier, jour férié, m'explique-t-il, justifiant ainsi l'étrange vide de l'établissement. C'est vendredi que débutera la phase active de son travail, indissociable des soins prodigués par Karine. Il me promet des surprises, et son sourire malicieux gomme nombre de mes appréhensions. Puis viendra le week-end, et ce n'est que le lundi suivant, 5 janvier, que j'entrerai dans un cycle suivi et régulier de travail et de soins quotidiens, selon un horaire immuable, de 9 à 15 heures.

De nouveau allongé sur un lit d'hôpital, même blancheur, même impersonnalité. Je demande un fauteuil afin de pouvoir me déplacer de manière relativement autonome. J'ai pu, en Australie, m'entraîner à la délicate manœuvre du passage de mon lit au fauteuil, et du fauteuil au lit, et je retrouve en ce premier après-midi de Trestel ces gestes de handicapé. Ma belle-soeur m'avertit de leur arrivée prochaine, avec force foie gras et champagne pour fêter avec un minimum de style la nouvelle année. À Soizic, toujours présente, se joindront un ami, Lionel Lecoq, sa femme et sa fille. La soirée s'avance, et je déclenche un apéro. J'ai demandé à ma belle-soeur d'apporter son toaster pour faire honneur au foie gras. Les bulles pétillent, l'atmosphère se décontracte dans l'alléchante odeur des « rôties ». Soudain la porte s'ouvre, et un aide-soignant entre en hurlant : « Au feu ! » Nous nous regardons, interloqués et incrédules ; « Le feu ? Mais où ? » demandé-je, peu enclin à sacrifier mon foie gras sur l'autel d'une alarme défaillante. « Ici, Dans cette chambre ! », rétorque mi-alarmé mi-amusé l'homme en blouse blanche. La fumée dégagée par le grille-pain a suffi à déclencher le dispositif d'alarme d'incendie de l'établissement. C'est dans le couloir que je dégusterai mon dernier foie gras de l'année 2008 et sur cette note savoureuse que j'en terminerai avec ce drôle de millésime.

Mes premiers jours de cette nouvelle année 2009 resteront scellés dans ma mémoire comme ceux de la cruelle et peu enviable expérience du handicap physique. Si je parviens, à force de contorsions, à glisser de plus en plus facilement du lit au fauteuil, l'expérience d'un tel déplacement ainsi en position assise est un voyage au bout de la modestie et de la compassion. Je ne suis plus ce sportif de haut niveau encadré, épaulé, organisé, qui vaquait de compétitions en entraînements, formations et représentations. Je suis revenu au degré zéro de l'autonomie et de la dépendance. Me laver jambes et pieds, ainsi que l'accès à la douche, demande en ces premiers jours à Trestel l'intervention d'un tiers. Adieu mon bel ego. Exit Eliès le marin, spécialiste du solitaire, autonome et individualiste. J'appartiens désormais totalement à ce monde à part des accidentés de la vie. Personne pourtant ne s'apitoie sur mon sort. Lorsque au bout de deux jours je me résous enfin à descendre prendre mon repas dans la salle commune, je me trouve d'emblée au milieu des fauteuils roulants et des béquilles, conversant le plus naturellement du monde avec des amputés, des accidentés, des paralysés. Une connivence étonnante s'installe immédiatement entre ces femmes et ces hommes piégés par la vie. Ni chichis ni maniérisme ostentatoire ne viennent polluer les relations entre êtres humains. Tout est dit, décrit dans la brutale réalité des faits. S'ensuit une extraordinaire franchise dans tous les rapports quotidiens. Ces hommes et ces femmes deviennent tout de suite, dès les premiers repas pris en commun, dès les premiers exercices pratiqués dans la même salle ou la même piscine, comme une famille à qui l'on dit tout, sans effet de manche ni recherche d'impact sur la sensibilité des uns ou des autres. Chaque cas se révèle librement et sans faux-fuyants. Mon caractère direct, qui s'accommode mal des tergiversations intellectuelles, y trouve matière à expression. Chaque cas m'intéresse. Chaque succès spectaculaire ou bénin chez mes camarades de lutte m'interpelle, me renvoyant à mon propre défi. J'y puise inconsciemment force et motivation. L'amitié, la sincérité de ces « cassés de la vie » m'ont vieilli d'un coup, me permettant de relativiser beaucoup de choses. Je veux que leur souvenir m'accompagne dorénavant dans l'existence, m'apportant dans les épreuves du quotidien force et recul. Et il en faut. Kinés et médecins n'ont à Trestel qu'un seul message à m'adresser : « Sois patient. » Partagé entre le trouble de ne plus exister en l'absence de mes moyens physiques et la certitude que la vie est décidément trop courte pour ne pas être vécue à 100 à l'heure, il me tarde d'attaquer bille en tête et sans retenue ma rééducation.

Il me faut réapprendre à marcher ! Et le processus de reconstruction de la motricité de ma jambe, développement musculaire, jeu subtil des articulations, prendra au minimum six semaines. L'os, durant ce temps, devra se consolider autour du clou placé par les chirurgiens australiens, de façon à supporter, passé ce délai, le poids de mon corps... Lundi 5 janvier, je débute réellement le cycle de ma reconstruction.

La cicatrice de l'intervention chirurgicale n'étant pas totalement refermée, les soins en piscine me sont pour l'instant interdits. J'erre donc durant ces trois ou quatre premiers jours du lit au fauteuil, du fauteuil au réfectoire, et retour. Karine, mon autoritaire kiné, est venue me chercher en ce premier lundi. Je l'accompagne dans mon fauteuil de coursives en couloirs jusqu'à une grande salle multisport. Sous la surveillance d'autres spécialistes en blouse blanche, une douzaine d'hommes et de femmes de tous âges s'appliquent à réapprendre les gestes les plus élémentaires de la locomotion humaine. J'aperçois toutes sortes d'attirails et d'ustensiles qui évoquent pêle-mêle la torture, le jeu et l'amusement, vélos statiques, ballons, trampolines, matériel d'étirement. Je comprends vite qu'ils sont les outils aussi simples qu'intelligents pour m'aider à refaire, recopier, mimer les gestes du quotidien. Mon quotidien à moi prend la forme de deux longues barres symétriques d'une dizaine de mètres de longueur, plantées à environ un mètre du sol. Karine, visiblement amusée de mon air ahuri, m'y conduit et m'invite simplement à me lever de mon fauteuil. J'obtempère, poussant de toutes mes forces sur les bras, effrayé à l'idée de heurter ma jambe blessée, et de tomber. Ces premiers moments de verticalité sont pénibles. Je dois tout réapprendre, posément, comme un enfant. Karine me soutient, m'encourage, la blague et le bon mot en réponse à mes inquiétudes. Oui, ce sera décidément un long processus. Ma jambe gauche m'est comme étrangère. Je dois me concentrer, toujours guidé par la voix parfois railleuse de Karine ou d'Éric, dont les jeux de mot banalisent mon expérience. Je me prends au jeu, réponds à leurs vannes, et décortique phase par phase la mécanique de mon pas : talon, ferme ; genou, bien dans l'axe ; hanche, bloquée... Pas trop d'appui, pas encore. Je sue, j'ai mal, mais j'avance, un pas, deux pas, puis dix... Retour au fauteuil. Vite, les soins et le repos. Demain sera plus facile, et après-demain encore mieux. Puis on passera au vélo d'appartement, histoire de redonner flexibilité et puissance au muscle. La musculation ? Éric rigole. Pas avant six à sept semaines. De la patience Yann, de la patience...

Je m'étais imaginé pouvoir profiter de ces longues semaines de réadaptation physique pour « faire le point » sur mon existence, jeter un regard en arrière sur mes années de course, sur moi-même aussi, afin de mieux envisager l'avenir, et le tour que je souhaite donner à ma vie. Las ! Les nombreuses sollicitations médiatiques prendront chaque jour le relais de mes séances de soins et de rééducation, rognant sur mon repos et sur ce temps précieux que je voulais m'accorder. En ces premiers jours de 2009, et alors que les navigateurs toujours en lice du Vendée Globe poursuivent leur navigation solitaire, le marin Eliès, survivant du Grand Sud, continue d'intéresser journaux, radios, chaînes de télévision. Je multiplie les interviews, répétant à l'envi les détails de mon accident, racontant l'attente, narrant le sauvetage... Je le fais sans arrière-pensée, sans quête de sensationnalisme, ne cherchant ni à embellir ni à masquer le moindre chapitre. Je dis les faits dans la froide et parfois insipide réalité d'un homme en survie que la mort a choisi d'épargner. Nul acte héroïque à verser à mon crédit. Juste une histoire de mer et de marin, d'homme et d'existence.

L'avenir et ses perspectives me rattrapent très vite aussi. Chef de ma petite entreprise de course au large, je suis responsable d'une équipe qui s'est investie corps et âme pour mon projet depuis plusieurs années. La disparition de mon outil de travail, mon bateau, signifie la séparation d'avec un certain nombre de mes collaborateurs et amis. Un geste qui me coûte, car on ne travaille pas dans ce milieu de la voile comme dans n'importe quel cercle d'affaires. L'amitié, la connivence, la symbiose des mentalités et des intelligences y sont fondamentales. Alors, quand l'heure de la séparation forcée sonne, tout le poids de la responsabilité bascule sur mes épaules affaiblies. Il faut avancer pourtant, pour ceux qui demeurent. Pour mon partenaire *Generali* aussi, qui m'a toujours soutenu et conforté au plus fort de la tourmente dans son désir de me faire confiance. Un nouveau projet, même plus modeste, doit démarrer d'emblée. Ma promesse de courir en Figaro dès le mois d'août n'est pas une fanfaronnade. C'est pour moi une question existentielle que de me redonner ce statut et cette stature de marin que j'ai en partie abandonné, dans le Grand Sud. *Generali* veut m'y aider, dans l'attente, peut-être, d'un projet plus ambitieux dans le temps. Erwan est toujours là, ainsi que Philippe Laot, et je souhaite conserver ces deux hommes près de moi, pour être mes bras et mes jambes en attendant que mes forces reviennent. Mes après-midi se déroulent donc ainsi, entre sollicitations médiatiques et « plan de relance » de la petite entreprise Eliès. L'homme Eliès attendra ! Planning, ordinateurs, tableaux Excel sont de sortie, et ma chambre prend parfois des allures de salle de conférences. On se projette à court, moyen et long terme, envisageant programmes de courses à l'année et à échéance Vendée Globe 2012... Je reste ainsi dans l'action et dans la dynamique créée voici plus de deux ans pour le lancement de mon 60 pieds *Generali*. Le budget octroyé par *Generali* pour la saison 2009 va me permettre de salarier normalement Erwan et Philippe. C'est un soulagement pour eux, pour la faisabilité de mon programme Figaro. Erwan l'hyperactif est au four et au moulin : administration, paperasserie, relations avec mes partenaires... Il assume avec compétence toutes les exigences de ma petite entreprise en mon absence. Philippe Laot s'investit à nouveau comme il sait le faire dans la préparation de mon « petit » monocoque de la classe Figaro, là-bas, dans nos locaux de la base des sous-marins de Lorient. Je sais que je bénéficierai en temps et en heure d'une monture parfaitement préparée. Cette hyperactivité annexe à ma rééducation m'aura certainement permis de mieux surmonter les baisses de moral inhérentes à la lenteur de mes progrès physiques. Très rapidement, un projet sportif clair se dessine avec ce programme Figaro que je peux enclencher depuis mon lit d'hôpital grâce à Erwan et à Philippe. Bien sûr, je rêvais d'une relance ambitieuse de ma carrière avec la définition d'un plan budgété pour la prochaine édition du Vendée Globe. De nombreux voiliers performants se trouvent, en ce début d'année 2009, disponibles à la vente, et il me semblait envisageable de se prononcer, très vite pour mon partenaire et pour moi, sur ces perspectives. Après onze années de collaboration, et compte tenu de l'énorme choc provoqué en interne par mon accident, je comprends facilement ses réticences à ne pas s'engager d'emblée et à vouloir se donner le temps de la réflexion. Ce projet Figaro décidé avec son assentiment me procure cet objectif sportif absolument déterminant pour booster ma motivation. La balle est dans mon camp. C'est à moi de prouver, au-delà de mon rétablissement le plus prompt et le plus complet possible, que je demeure un marin, un compétiteur, un talent à la hauteur de leurs exigences. Je sais le projet 60 pieds en sommeil. Mon naturel optimiste me laisse espérer qu'il pourra à court terme sortir des limbes.

Janvier s'écoule ainsi, au rythme immuable d'un strict programme de rééducation dans lequel je mets toute mon application et toute mon énergie renaissante. Je fais à présent partie du paysage. À la salle de gym, à la salle à manger, je ne croise que des amis. J'ai rapidement délaissé le fauteuil à roulettes au profit de béquilles. Je prends mes repas dans la compagnie souvent joyeuse de mes compagnons d'infortune. On rigole, on plaisante, on s'enquiert des progrès des uns et des autres. Des gens me sollicitent, m'apportant posters, magazines ou photos à dédicacer. Parfois, l'un d'entre nous annonce son départ, vers la guérison ou vers un autre centre de rééducation. Un regard appuyé, une poignée de main franche et solide. Tout est dit, et je ressens un drôle de vide. Mon tour à moi viendra aussi.

Deux béquilles, puis une seule, puis une simple canne. J'enquille les tours de salle en marchant et les longues minutes arc-bouté sur mon vélo d'appartement. Mes vertèbres ne me font plus souffrir. Je continue cependant la prise régulière de médicaments antidouleur. On me dit que la calcification de mon fémur s'effectue de manière très satisfaisante. L'appétit revient, l'autonomie aussi. Fin janvier, je m'assois pour la première fois aux commandes de ma voiture que m'a apportée Erwan. Et je conduis comme si de rien n'était, m'offrant une petite balade au supermarché du coin. Retour à la vie. Avec ce regain de force, je trouve aussi le temps d'une petite introspection psychologique, histoire de voir jusqu'à quel point l'océan Indien a laissé en moi son empreinte. Le psychologue de l'établissement m'ouvre ses portes à trois reprises. Gilles Monnier, mon préparateur mental depuis 2001, vient aussi me rendre visite. Je leur parle sans détour des circonstances de l'accident, de cet excès d'orgueil qui me dresse la veille du drame contre l'océan Indien, m'amenant certainement à moins de lucidité dans mon approche de la manœuvre. Je ne ressens pourtant aujourd'hui nulle culpabilité « castratrice ». Je fais la part de ma responsabilité dans la préparation en amont du bateau, qui n'aurait pas dû laisser place au ragage et à l'usure du bout que je tenterai de réparer à l'extrémité de mon tangon. Quant à la perte du bateau, je parviens là aussi à en relativiser la portée dans un sport mécanique à haut risque, et dans la perspective d'une carrière de marin par essence semée de ce type d'accidents. Mon envie de naviguer, de courir est plus forte que jamais. L'épreuve que je traverse semble gommer mes travers, et notamment cette insouciante impétuosité qui était jadis à la fois un défaut et une qualité. Une chance m'est offerte au sortir de ce mélodrame, celle de me reconstruire, physiquement bien sûr, avec la légitime ambition de devenir plus fort, plus disponible à l'effort et au perfectionnement ; et mentalement ensuite, en conservant dans un coin de ma tête et de mon cœur les souvenirs de mes fautes, l'engagement de mes amis, et l'exemple des autres.

Le 15 février arrive. Je marche presque normalement, avec juste une légère claudication et l'aide d'une canne. Fin de l'internat. La page « Trestel » se tourne, non sans quelques adieux et remerciements aux acteurs de cet épisode certes pénible, mais aussi très riche de ma vie. Trestel, Karine, Éric, son personnel, mais aussi ses « pensionnaires », aura été le havre idéal de ma reconstruction. Je ne l'oublierai jamais.

Six semaines après ce glauque 31 décembre 2008, je roule seul vers Lorient. J'ai choisi de poursuivre au centre de Kerpape la seconde phase, plus tonique et plus « musculaire », de ma rééducation. Je me rapproche ainsi de ma « base » technique, de mes bureaux, de mon hangar et de mes ateliers de

Lorient. C'est le retour aux affaires ! Ma réparation, à défaut de préparation physique, demeure une priorité, mais il me tarde de retrouver Erwan et Philoun dans notre « antre » de la base des sous-marins. Je veux reprendre ma place dans l'édifice allégé de notre petite structure, vaquer de nouveau au quotidien changeant d'un coureur au large en attente des grands événements de la saison. Je ne me sens alors ni marin ni sportif. Je tourne simplement la page une du chapitre de ma reconstruction. Je la tourne plein d'espoirs, plein d'espérance. Quelque part, je renais à la vie, pas encore plus fort, pas encore plus riche, mais conforté dans la certitude qu'une nouvelle chance m'est donnée d'appréhender ma vie, mon métier, la mer et les bateaux sous un angle nouveau, plus grave sûrement, comme un passage de l'adolescence à la maturité.

CHAPITRE VII

Départ du Vendée Globe

Étrange. Notre hangar de la base des sous-marins de Lorient nous paraissait, voici seulement quelques semaines, bien exigu lorsqu'il accueillait les 18,28 mètres de mon 60 pieds Imoca *Generali*. Aujourd'hui, c'est mon modeste Figaro et ses 10,1 mètres hors-tout qui tentent vainement de remplir l'espace. La ruche d'activité qu'était cet endroit lors de mon dernier passage avant le Vendée Globe ne bruit plus, et mes pas résonnent curieusement sur l'escalier métallique qui monte à mon bureau. Tanguy, Marc, Florent, Richard, Fred, artisans passionnés de la construction de mon projet Vendée Globe, sont partis. « Philoun » s'échine déjà sur mon Figaro. Le diable d'homme a considérablement avancé seul dans la préparation du voilier qui, j'en rêve, me portera sur la ligne de départ de la Solitaire en août prochain. Erwan est au clavier, ordonnant l'inordonnable, classant, répertoriant, triant la paperasserie du passé, du présent et de l'avenir de ma petite entreprise. Accompagné de ma fidèle « Dr House », surnom donné par Erwan à la canne qui remplace dorénavant ma béquille, je me réapproprie l'endroit. Pas de place pour les états d'âme. Plus que jamais, je regarde vers l'avenir. Et notre base lorientaise concentre tous les ingrédients d'un futur que je veux radieux d'écume, de brise et de mer. J'ai la certitude de récupérer à terme, sauf accident imprévisible, tous mes moyens physiques. Mon partenaire *Generali*, me donne les moyens de disputer ce grand rendez-vous estival de la course au large en solitaire. Grâce à lui, je vais bénéficier d'un dispositif idéal de préparation, avec deux hommes aux compétences élargies pour disposer au départ de Lorient d'une machine absolument irréprochable. Quant au mental, je me dis qu'aucun coureur ne pourra prétendre afficher motivation plus grande que la mienne au moment du coup de canon. Parce que je reviens de loin, parce que je me serai reconstruit, et aussi parce que, quelque part, mon avenir sportif dépendra de ma capacité à briller. Je sais que ma participation au Vendée Globe 2012 passe par une belle prestation dès cet été à la barre de mon Figaro. Je ne ressens nul esprit de revanche. Mais il m'importe de redevenir ce marin que l'on disait brillant. Je me refuse à demeurer le « naufragé du Vendée Globe ». Je veux, sur l'eau, reconquérir mes galons de navigateur et prouver course après course que, comme par le passé, il faut, à l'heure des pronostics, tenir compte d'Eliès.

Situé en bord de mer près de Lorient, le Centre mutualiste

de rééducation et de réadaptation fonctionnelles de Kerpape est un vaste ensemble qui accueille, un peu comme Trestel, les grands accidentés de la vie. J'y poursuis en ces mois de février et mars le programme mis en place par les équipes du centre des Côtes-d'Armor. Soins et travail spécifique des ligaments et des muscles alternent selon un schéma quotidien bien défini, qui mobilise mes matinées et mes débuts d'après-midi. J'ai cependant de plus en plus souvent accès à un travail de musculation foncier, d'abord sur le haut du corps, et progressivement au niveau des jambes. J'aligne les longueurs en piscine. J'ai l'impression de préparer un « Ironman » ! J'ai appris la patience. Je respecte les étapes. Je me réjouis de mes progrès mais évite de m'enflammer. Recouvrer ses moyens est une chose, redevenir un athlète de haut niveau en est une autre. Je prends la mesure chaque jour en suant sur un vélo d'appartement de la dose massive de travail à fournir avant d'étinceler de forme et de santé. Après un hiver alité, je revis à Lorient, au contact de l'univers familier des bateaux que l'on ponce et des voiles que l'on plie, des programmes que l'on valide, des entraînements que l'on planifie.

Fin février, un plaisir rare m'est offert. Celui de naviguer à nouveau ! Pour la première fois depuis mon arrivée à Perth, en Australie, le 22 décembre 2008, à bord de la frégate *Arunta*, je vais remonter sur un bateau, un voilier, un Figaro Bénéteau, et sortir en mer. Par un après-midi froid et pluvieux, j'enfile de nouveau un ciré, chausse mes bottes étanches et foule le pont synthétique d'un bateau de course. Erwan, Philoun et Jermie

Beyou sont aux commandes. Je suis ici en invité à qui toutes manœuvres et interventions techniques sont proscrites. La barre m'est cependant confiée. Je redeviens gamin, m'amuse des vagues et du clapot, poussant et tirant sur cette barre qui donne vie et tonicité au bateau. Je laisse mon regard divaguer de l'étrave aux safrans, caresser les voiles, s'arrêter sur les mille et un détails qui, captant mon attention, m'invitent à intervenir, sur un réglage, un rangement. Je n'en fais rien, ou presque. Je goûte, je profite d'un moment banal et pourtant devenu si rare. Un instant de plaisir simple et pur, amuse gueule d'avant festin. Je regarde le rivage s'éloigner et je replonge naturellement vers ce 9 novembre et le départ du Vendée Globe aux Sables-d'Olonne.

Les Sables-d'Olonne, semaine d'avant-départ de la course la plus fantastique, la plus extrême, la plus chargée en émotion qui soit. Pensez ! Un tour du monde en solitaire, sans assistance et sans escale. 25 000 milles nautiques sur tous les océans majeurs de la planète, en doublant les grands caps mythiques de Bonne-Espérance, Leeuwin et Horn ! La frénésie, parfois surdimensionnée, toujours sympathique, était au rendez-vous. Pas eu une minute à moi ! Sollicitations médiatiques, grand public, partenaires… Zidane aussi, parrain du bateau ! Du stress, beaucoup. La peur de la casse inopinée, de l'accident de ponton bête, de dernière minute, qui réduit à néant des années de travail. Oui, il était temps que tout cela s'arrête et que la course prenne enfin ses droits. J'ai pu profiter des quelques minutes d'intimité passées à bord de *Generali* avec Zizou. Jérémie Beyou, très fan de foot, était à bord aussi. Mon fils, Titouan, a fait des photos pour ses potes de classe. On m'interroge beaucoup sur ce partenariat très « people ». J'ai la naïveté de penser que cette superstar planétaire du sport roi, le football, a eu réellement plaisir à toucher du doigt une activité sportive en tous points diamétralement opposée à la sienne. Converser avec Zizou était simple et naturel. Ses questions, toujours pertinentes, traduisaient une vraie curiosité, une vraie interrogation sur la nature aventureuse de notre sport.

Le Vendée Globe est véritablement un événement à part. J'avais préparé et anticipé cet avant-course en arrivant fin prêt aux Sables-d'Olonne, décidé à ne pas mélanger les aspects techniques de ma course et l'aspect relations publiques. Bénédicte, mon attachée de presse, a été, en ces semaines de douce folie, déterminante, respectant à la lettre mon souhait de conserver chaque jour après le repas de midi un moment à moi, pour moi, consacré au repos, à la préparation mentale ou à l'activité sportive. J'ai ainsi pu chaque jour, avec un maximum de fraîcheur et de spontanéité, assumer cet étrange statut de célébrité que le Vendée Globe prête aux marins tous les quatre ans, indépendamment de leur palmarès ou de leur nationalité. Mais je peux avouer aujourd'hui que l'engouement du public et l'appétit des médias ont dépassé toutes mes prévisions. Ces exigences peuvent à certains moments tout balayer ; on ne s'appartient plus. Les foules vous happent du regard, et sans les barrières et les services de sécurité, c'est physiquement qu'elles vous dévoreraient de leur enthousiasme souvent bon enfant, mais toujours insatiable. Ce premier Vendée Globe de ma carrière m'a donc pris de court malgré mon état de préparation irréprochable. Chaque déplacement au sein du « village départ », et dans la ville même des Sables-d'Olonne, devenait au fil des jours plus redoutable, car consommateur de temps et d'attention. Et tous ces comportements, que je jugeais détestables, des stars fuyant fans et paparazzis m'ont soudain paru très compréhensibles. Non que je sois à cet instant devenu star moi-même, loin de là, mais, projeté par le simple fait de mon engagement dans la course au rang de protagoniste du grand drame en préparation, je me trouve en posture bien involontaire de vedettariat. Et ce n'est pas facile à gérer, croyez-moi, les désirs de la foule à votre égard prenant les formes les plus inattendues, avec l'obligation d'y répondre sous peine d'encourir l'ire du fan aux requêtes non exaucées. La frénésie des gens à s'approprier un morceau ou un instant de vous-même m'a étonné : posters que l'on s'arrache, bousculade pour une carte postale… Il me revient en mémoire plusieurs séquences dont je ris aujourd'hui de bon cœur, mais qui sur l'instant m'avaient quelque peu interloqué. Lors d'une séance de dédicaces organisée sur le stand de mon partenaire *Generali*, je m'applique à satisfaire une foule importante qui attend, je le sais, depuis de longues minutes. Arrive le tour d'un couple anonyme. Je salue, je signe, je souris, je tends le poster… et la dame de me demander qui je suis ! Grand moment de solitude !

Solitude toute relative tant l'anecdote est bénigne. Le vrai sentiment de solitude est arrivé pour moi au moment du dernier briefing des coureurs, la veille du départ, quand Denis Horeau, directeur de course, énonce le déroulé des procédures du compte à rebours avant lancement et mise sur orbite des trente audacieux prétendants à la régate planétaire. Ce briefing est le seul véritable moment où je rencontre mes concurrents, tous ou presque amis et adversaires de longue date. C'est là certainement le point qui me laisse quelques regrets, n'avoir ni « l'espace-temps » ni la tranquillité nécessaires pour passer de manière impromptue voir, saluer ces navigateurs qui partagent le temps de ce projet le même schéma de vie et le même cheminement de pensée et d'émotion que moi. La fraternité des marins, j'ai payé pour le savoir, est en mer un maître mot. À terre, et avant tout départ, nous sommes vraiment solitaires, seuls à la barre de nos projets.

Après tant d'années de réflexion, de préparation et à quelques jours du grand départ, je suis fier de mon projet. Chaque jour, chaque matin en descendant les pontons de Port Olona, je trouvais mon bateau un peu plus beau, un peu plus parfait dans sa préparation. Au terme de plus de deux années de travail, depuis les premiers coups de crayon de l'architecte

Pascal Conq, j'avais réussi la première phase de mon pari : présenter à mes partenaires et aux spectateurs du Vendée Globe un voilier high-tech performant, abouti, au maximum de son développement, et entrant dans le cercle élitiste des vainqueurs potentiels. Nos courses d'avant-Vendée Globe avaient témoigné d'une montée en puissance régulière, depuis les doutes de la Transat Jacques Vabre 2007 jusqu'au podium de Boston lors de la Transat anglaise 2008. Oui, nous étions prêts, mon mot d'ordre sablais, « On ne touche plus à rien », avait plongé mon équipe dans une abstinence gênée, et je m'amusais de les voir vaquer à ne rien faire, s'affairer dans le superficiel et gesticuler dans l'inutile. Ils avaient superbement bossé, et méritaient de jouir un peu de l'effervescence de la plus grande course océanique au monde.

À cinq jours du départ, et avec l'autorisation de la direction de course, je programme une dernière sortie en mer, afin de dérouiller quelque peu mes réflexes, changer d'air, et surtout retrouver un peu de cette complicité au sein de mon groupe. Cette petite navigation sous un soleil frileux de novembre nous fait un bien immense. De retour au ponton, je n'organise plus pour mon équipe qu'un rendez-vous quotidien, sorte de révision des postes clés, sécurité, procédures d'entretien et de démarrage du moteur, outils, informatique, pièces de rechange etc. Yves Lambert, le médecin qui me suit depuis toujours, et Gilles Monnier, le préparateur mental qui m'a accompagné lors de mes dernières saisons en Figaro, sont aussi présents aux Sables-d'Olonne. Ils me réservent tous deux, dans leurs domaines de compétence particuliers, des moments rares où je me reconcentre totalement sur mon objectif de course, dans un climat de plénitude et de confiance salutaire. Massages, étirements, sophrologie me permettent d'aborder chaque rencontre avec le public, chaque sollicitation médiatique l'esprit relâché, dédramatisant l'instant, relativisant toute chose au regard de l'objectif réel, « performer » dès le coup de canon du départ.

Mon partenaire *Generali* avait choisi de jouer à fond la carte du grand rendez-vous vendéen en implantant un stand intelligemment conçu au sein du village. La déferlante ininterrompue des visiteurs, jeunes et moins jeunes, de toutes classes et conditions sociales, l'a conforté dans la justesse de son pari. Chaque jour, je me rendais avec plaisir et un peu d'anticipation à un rendez-vous avec un public de badauds que *Generali* a su, avec intelligence et mesure, interpeller et capter avec les messages clairs portés par ses deux ambassadeurs, Zinédine Zidane et moi-même. De l'utilisation bien pensée de la course au large…

Le soleil qui brille majoritairement sur ces trois semaines d'avant-départ sablais se fait, trois jours avant le dimanche fatidique, plus discret. Les fichiers météo, de plus en plus précis, nous le révèlent rapidement : c'est une entrée en matière musclée, tendance méchante, qui nous est proposée. Le spectre des abandons et des retours au port inopinés plane dans les têtes de chaque solitaire. Les schémas stratégiques que j'élabore en compagnie de ma garde rapprochée, Erwan, Philoun… sont simples et marqués du sceau du bon sens. Ce sera un départ prudent, avec une vigilance et une attention décuplées aux cargos et aux pêcheurs, très nombreux à la côte. Prendre des ris[1], faire attention au matériel, éviter la surenchère vis-à-vis de concurrents plus impétueux. Il y aura aussi, une fois le front passé, matière à attaquer tout de suite aux allures de « reaching », lorsque le vent passera sur le flanc du bateau et favorisera l'accélération. À la surveillance permanente du plan d'eau, aux petits soins pour le matériel brutalement sollicité par les éléments, il conviendra d'ajouter une dose d'anticipation et de flair pour exploiter, pense-t-on alors, une première opportunité d'accélération sur la route. Des scénarios s'établissent, toute la mécanique intellectuelle du régatier se met en place. Trois jours avant le départ, j'entre, par projection d'images et d'éventualités, dans ma course. Avec l'inévitable corollaire de stress et d'inconnues, que le briefing d'avant-course vient encore exacerber. Car aux exigences de la compétition et à des circonstances météo que l'on annonce fort dégradées vient s'ajouter une mise en scène, incontournable au demeurant, de sortie du port chargée d'émotion… et de risques. Trente voiliers de course, aux tirants d'eau dépassant les 4,5 mètres, doivent profiter de la

1–Prendre des ris : Action de diminuer la surface d'une voile.

marée du dimanche matin 9 novembre 2008 pour quitter les pontons de Port Olona et enquiller le long chenal des Sables-d'Olonne pour rejoindre la ligne de départ mouillée loin au large de la cité vendéenne. Ce sont les marins-pêcheurs que l'on charge d'ouvrir la route de nos voiliers de course. La longue et belle parade d'entrée en matière de la compétition, point d'orgue chaleureux, lourd d'émotions et de communion fraternelle avec l'immense public des Sables, revêt maints dangers qu'il nous faut, moi et mon équipe, anticiper, avec un dispositif professionnel sans faille. Chacun des sept membres de mon équipe y prendra sa part.

Toutes les deux minutes, un 60 pieds Imoca se détache des pontons, escorté des semi-rigides de sa propre assistance et du dispositif de sécurité de la course. Le plafond nuageux est bien bas ce dimanche 9 novembre, ajoutant à l'ambiance un peu glauque d'un départ pour le front. La veille, j'ai dîné en compagnie de mon cercle intime d'amis, Erwan, Philoun, Jacques Caraës[1] et Jean-Baptiste Epron, ma femme, Soizic, bien sûr, mes enfants Titouan et Marie, mes parents. Dîner plutôt joyeux, raisonnablement arrosé... Puis retour à l'appartement pour un dernier sommeil de terrien, sur un matelas et dans des draps frais...

Le réveil est difficile. Le sommeil bienfaisant et récupérateur n'a pas été au rendez-vous. L'estomac est noué, la pau-

1–Jacques Caraës : Equipier, comme moi, à bord du maxi-catamaran *Orange* lors du Trophée Jules Verne.

pière lourde ; je me sens un peu dans la peau d'un condamné qui monte à l'échafaud. Petit regard par la fenêtre ; les nuages sombres et épais cavalent au ras des toits de tuiles. Non, décidément, ce n'est pas une journée à faire du bateau... Le petit-déj ne passe pas. Vient le moment des au revoir, moment librement déterminé entre Soizic et moi, devant se dérouler dès le matin dans le confort et l'intimité de l'appartement. Je pensais, je voulais éviter les larmes. Mais lutter contre les émotions quand il s'agit de la famille n'est pas dans mon tempérament. Départs de transats, Trophées Jules Verne... Je n'ai pourtant pas souvenir d'une telle poussée émotionnelle entre mes proches. En ce dimanche, jour 1 du Vendée Globe, une émotion brute, venue des tripes, me submerge. Je pars seul, pour trois mois de solitude et d'âpres combats. Soizic et Marie pleurent. Titouan fait le clown – sa manière à lui de montrer, d'extérioriser son trouble. À six ans, il commence à comprendre la nature de mon métier. Il voit la peine de sa sœur, et l'évacue à sa manière. Je me sens un instant quelque peu déstabilisé. J'en oublie quelques détails, carte bleue, papiers divers... Heureusement que mes affaires personnelles sont déjà à bord, car en ces instants lacrymaux, on a tôt fait d'oublier l'essentiel. Erwan est bientôt là, qui vient mettre un terme à ces moments forts, consommateurs d'énergie. Je traverse le port à bord du semi-rigide de l'équipe. J'aperçois dans la lumière du petit matin des dizaines, des centaines de silhouettes engoncées dans des vêtements de pluie, et qui se pressent, qui vers le port, qui vers la plage... La foule afflue comme vers les portes d'un stade géant. Je m'en étonne, sans trop encore percevoir l'émotion et l'amitié qu'offre sans compter cette foule de passionnés. J'arrive pour l'heure au bateau. Toute mon équipe technique est à bord, Philippe Laot, Jacques Caraës, Marc Engelbert, Richard Loncle, Tanguy Brodu, Florent, Fred... Je me prépare fébrilement à l'intérieur du bateau, enfilant vêtements et sous-vêtements polaires sous le lourd ciré de haute mer. J'anticipe aussi les premières quarante-huit heures, qui s'annoncent fraîches et humides, en préparant déjà les vêtements secs de rechange. Un coup d'œil vers l'ordinateur du bord déjà allumé, les répétiteurs, les cadrans de pilote, l'écran radar. Les dernières infos météo ont bien été téléchargées. Tout est en ordre. Je ressors bientôt et cherche Erwan, l'ami de toujours, du regard. Je sais qu'il ne sera pas de l'équipe qui m'accompagnera à bord jusqu'à la ligne de départ. Sa tâche consistera à piloter le gros semi-rigide d'assistance, et de récupérer au tout dernier moment les équipiers qui m'auront aidé dans les dernières manœuvres d'approche de la ligne de départ. Je réunis toute l'équipe comme le font les rugbymen avant le match. Quelques mots simples et directs pour les remercier de leur travail et de leur engagement. Un parterre de photographes et de cameramen me guette. Je salue, bredouille quelques mots, avant d'être littéralement happé par Kito de Pavant, le skipper du monocoque Groupe Bel, redoutable adversaire, ami fidèle. Il m'étreint, me répète en boucle : « Fais gaffe à toi ! Fais gaffe à toi ! » Je ne sais que répondre. Je voudrais lui dire l'amitié, l'encouragement, la solidarité. Je ne trouve pas les mots. On s'étreint. Simplement.

Les aussières[1] sont passées sur l'avant de *Generali.* On largue les cordages et retire les pare-batages. *Generali* glisse le long des pontons. J'entends des cris, des sifflets, des coups de corne. Commence la procession le long des quais sablais et de la Chaume. J'avance sur l'avant du voilier et reçois de plein fouet l'enthousiasme débridé d'une foule compacte et bon enfant. On chante, on me hèle. Je joue le jeu, agite les bras, lance une ola... Le moment est unique dans une carrière de coureur océanique, discipline par essence discrète et fort éloignée des feux de la rampe. Il n'y a que le Vendée Globe pour procurer aux athlètes de la mer le frisson, l'exubérance, la démesure populaire que connaissent à longueur de saisons footballeurs et autres dieux des stades.

La longue houle de l'Atlantique nous cueille dès le franchissement des passes du port des Sables-d'Olonne. La mer bouillonne sous les étraves des voiliers et de la multitude de bateaux suiveurs, vedettes de presse, semi-rigides d'assistance, et bientôt, lourds bateaux de transport des supporters de chaque team. Mes gars sont à l'ouvrage. On envoie la grand-voile, les yeux en mode alerte, l'oreille attentive aux directives qui tombent en grésillant, de plus en plus précipitées, de la radio VHF. La ligne de départ est noyée de brume. Philippe Laot, Jacques Caraës, Marc Engelbert et Richard Loncle sont toujours à bord ; la mauvaise visibilité et le nom-

1–Les aussières : cordage généralement utilisé pour amarrer ou remorquer un bateau.

bre impressionnant de navires de toutes tailles et de toutes formes présents sur la zone de départ, en plus des vingt-neuf autres concurrents, les incitent à demeurer avec moi jusqu'aux quatre dernières minutes fatidiques d'avant-départ. Passé ce délai, la direction de course pénalisera le voilier fautif retenant à bord plus d'un homme. Jacques, Richard, Philoun et Marc ont ainsi revêtu leurs combinaisons de survie. Jusqu'à la dernière seconde, ils m'assistent dans mes gestes. Le compte à rebours s'égrène. Il faut y aller. J'ai la barre en main, debout au milieu du cockpit, au maximum de ma concentration. Un à un, ils se jettent dans mes bras, brève étreinte avant le saut dans l'eau glacée. Caméra étanche à la main, Jacques Caraës immortalise ces derniers instants, avant de me broyer l'épaule de son étreinte amicale, et de se jeter lui aussi par-dessus bord. Erwan est là, qui récupère tout notre petit monde un par un et sans incident. Un bateau à bord duquel Zinédine Zidane et plusieurs membres de la Direction de *Generali* est venu m'accompagner sur la ligne et saluer mon départ. Le moment si longtemps rêvé, désiré, voulu est là. Le départ du Vendée Globe, sixième du nom. Ni le temps ni l'envie de contempler l'instant. La ligne approche, le vent tarde à monter. Suis-je bien toilé ? Dieu ! Que ce clapot est malsain ! Où est ce sacré bateau comité ? À mon vent, « Jojo » Seb Josse et Jean-Pierre Dick. Même toile, même vitesse, même choix de partir bâbord amure[1]. Vite, de l'eau, de l'espace, du vent frais. « Top départ. » C'est parti ! Je suis seul au monde.

1–Bâbord amure : Une voilier bâbord amure reçoit le vent par la gauche du navire.

CHAPITRE VIII

Tours du Monde…

J'ai grandi avec le sentiment d'être un fils de la mer. L'envie de pratiquer la course au large n'est arrivée que tardivement. Je suis avant tout un amoureux de la mer. Je le dois à mon père, aux parties de pêche, aux baignades glacées, aux cailloux que l'on retournait indéfiniment en arpentant les roches de Bréhat… La mer, la symbiose que je ressens avec elle, est ma prime passion, avant les bateaux, avant la compétition. Mon père, grand marin, c'est-à-dire grand homme de mer qui sait aller et venir sur l'eau, ne m'a jamais vraiment poussé vers la navigation à outrance. Nos premières sorties, c'est à bord d'un petit canot à moteur que nous les effectuons, avec pour seul but, pour seule motivation et préoccupation, le plaisir d'être sur l'eau, de jouir de ces rivages enchanteurs, et je pèse mes mots, de ma Bretagne natale. Mon enfance s'écoule ainsi, entre une scolarité plutôt médiocre et les immenses libéralités de la mer, là-bas, aux confins des Côtes-d'Armor.

Arrive l'adolescence. J'ai alors déjà tâté de l'Optimist. Pas très sérieusement à vrai dire. Comme on pratique n'importe quelle activité de bord de mer. Je ne suis pas un « voileux biberon ». C'est véritablement vers mes treize ans que mes parents me parlent un peu plus sérieusement de pratique sportive et en compétition de la voile. Je suis indéniablement plus porté vers le sport que vers les études. Je touche à tout, plutôt avec bonheur, basket, tennis, athlé, sprint et fond, trampoline, badminton... Tous les sports m'intéressent, et la pratique de l'Optimist vient naturellement prendre sa place dans ma scolarité hésitante. Très vite, un choix difficile s'offre à moi. J'ai atteint un niveau « intéressant » en foot. Toujours soucieux de me faire toucher au plus près les réalités de la vie, mon père m'avait, dès mes premières licences, inscrit au club de l'AS Ginglin, quartier qualifié de « sensible » à Saint-Brieuc. Il souhaitait que je me frotte à un football rugueux, sans pitié, mais aussi très joueur, très instinctif car né dans la rue. Ginglin est un club coloré, où se mêlent toutes sortes de nationalités, et qui obtenait d'excellents résultats dans toutes ses équipes de jeunes. Je joue ailier droit, poste oublié du football moderne. J'aime le ballon, j'aime la vitesse, j'aime le but. À Ginglin, j'apprends à lutter, physiquement et psychologiquement dans un contexte âpre et rude. J'aime. Je marque. On me sélectionne dans l'équipe du Grand Ouest. Mais les matches dominicaux se multiplient, et je dois rapidement faire le choix entre foot et régates. Ai-je vraiment décidé pour moi-même ?

Je crois que mes parents étaient certainement plus portés vers l'amicale débrouillardise des clubs de voile que vers les vociférations des buvettes de foot. Ce sera donc la voile. Et je m'en suis fort bien accommodé. Je choisis donc le ciré et délaisse les crampons. La facilité et la réussite ne sont cependant pas au rendez-vous : être le fils de Patrick Eliès, vainqueur de la course de l'Aurore, sur une ligne de départ de dériveur ou d'Optimist, n'est pas un avantage. Loin de là. On m'attend au virement de bord. Les petits copains du club municipal de voile de Saint-Brieuc me regardent drôlement, se demandant si le talent du père est passé au fils. Or, autant je pouvais me battre comme un chiffonnier pour gagner un ballon, autant je tire mes premiers bords dans un état d'esprit totalement dénué d'envie de gagner. Je suis, à vrai dire, totalement « à la ramasse ». Adolescence oblige, je rejette en bloc tous les conseils de mon père bienveillant... et je collectionne les gadins. Mes adversaires de l'époque sortent vite du lot à force de talent pur, Gildas Mahé, Morgan Riou, Gildas Philippe, Tanguy Cariou, les Brestois, futurs olympiques... Il me faudra du temps pour apprendre et tirer mon épingle du jeu. Mais la filière olympique, avec son exigence de performance scolaire, n'est pour moi qu'une voie sans issue. Je quitte l'école après la première, et je cherche une formation professionnelle dans les métiers proches de la mer, liés à la voile. C'est à La Baule que je démarre ma vie professionnelle, à la voilerie X Voiles, tout en poursuivant le cursus classique, Optimist, avec une participation au championnat d'Europe, 420, puis l'habitable.

Je me sens à la peine. L'Optimist, au plus haut niveau international, c'est l'enfer. De nombreux pays étrangers disposent de filières organisées et structurées pour la victoire, et seulement la victoire. Les gars et les filles y naviguent intensément et au quotidien, avec une abnégation qui écrase tout. La France, avec sa logique très individualiste, est plus en retrait. Le double en 420 est aussi un exercice qui demande une maturité rare chez les ados. Je m'accroche. Mon premier entraîneur en 420, Bertrand du Mortier, lance un jour : « S'il en est un dans ce groupe qui fera de la voile son métier, c'est Eliès. » Je ne sais d'où il tirait cette prémonition, car je garde le souvenir d'un apprentissage laborieux, couronné, parfois, de succès, toujours à l'arraché. Je cherche avant tout les sensations. La puissance du vent et de la mer m'attire. Le dériveur devient dans la brise très physique, et exigeant techniquement pour la maîtrise de ses qualités planantes. C'est dans ces moments, humides et inconfortables à souhait, que la notion de « talent » s'est révélée à moi. Je veux sentir la lutte avec la machine, « flirter avec le désastre », quand la puissance manque de me déborder et que le geste, sûr, précis, parfaitement synchronisé transforme le départ à la catastrophe en glissade et en accélération maîtrisées. Jouer, composer avec la vague, se placer sur l'onde qui roule, se dérobe et revient là où on ne l'attend plus. Savoir à l'instinct qu'on tient dans une main la puissance de la voile et dans l'autre la barre-bouclier pour parer les coups et défier les irrégularités de l'eau confère au sport de voile un potentiel d'excitation et de plaisir pur phénoménal. Cette harmonie est ancrée au fond de moi. J'aurai une satisfaction et un plaisir indicibles plus tard à la redécouvrir au hasard de mes expériences en Figaro, et surtout en multicoque. Cette école du toucher de barre et de l'intuition du jeu avec la vague est fondamentale et favorise tout nouvel apprentissage à bord de n'importe quel support.

1992. Je vis entre Nantes et La Baule : Nantes pour la voile, La Baule pour mon travail en voilerie. J'ai un nouvel équipier en 420, Pierre-Loïc Berthet, futur champion du monde de Mumm 30. C'est lui le barreur, et je vais grâce à son talent progresser physiquement à l'accomplissement des tâches obscures qui incombent à l'équipier. Notre entente fonctionne à merveille. On remporte des nationaux, le titre de vice-champion de France, on part pour un championnat du monde en Suède où le titre nous échappe d'un cheveu, pour un départ volé lors de la dernière manche décisive. Mon jeune frère Antoine arrive en fin de cursus en dériveur. Le passage au First Class 8 se fait naturellement, et je monte un équipage avec lui et une bande de copains. Le club de l'APCC Nantes est précurseur dans les notions de pôle voile spécialisé en équipage et de match racing. J'y côtoie les Bouvet, Peyron. Ces années sont magiques. La voile, ses exigences, l'impossible compromis avec la mer m'ont remis dans un schéma de vie sain et salvateur. Mon travail à la voilerie de Jean-Yves Jaffrezic me permet de progresser dans ce secteur clé du dessin et de la coupe des voiles, « moteur » du bateau. La notion de « carrière » ne m'effleure toujours pas pour la simple raison qu'en ces années 1992-1993, la voile hauturière balbutie, course au large, équipage ou Figaro… et seuls une poignée de skippers prétendent vivre réellement de cette activité. Arrive le couperet : le service militaire !

La poisse. Je dois quitter mon travail, et l'avenir de mon activité voile est compromis. La Marine est la seule branche à considérer. Je sais que l'école navale du Poulmic parraine, arme, un voilier qui dispute le tour de France à la voile, avec à son bord des élèves-officiers. La perspective d'intégrer ce team me tente, seule option envisageable pour ne pas perdre une année complète de pratique de la voile et de contact avec la mer. Une connaissance de mes parents m'oriente vers Cherbourg, où j'effectue mes classes. Je suis confiant. J'ai un « piston ». Mais mon esprit indiscipliné, rebelle dirons-nous, me trahit une fois de trop. Je me bats avec un appelé. Nez cassé, me voici à l'hôpital militaire sous le regard noir et réprobateur de mes supérieurs. C'est la base des sous-marins que l'on me fait miroiter. La punition. Moment de panique, puis délivrance quand on m'annonce, un peu à reculons, mon affectation à l'École navale, comme instructeur. On m'avertit : pas de place ici pour les fortes têtes. J'y entraîne les élèves-officiers, et je les encadre lors des grandes régates classiques de la côte ouest, Spi Ouest-France, Obélix Trophy, Grand Prix de l'École navale, et bien entendu tour de France à la voile. Je suis aussi en charge de l'entretien et de la maintenance des « Surprise », petits voiliers à la disposition des officiers, et qui doivent en permanence se trouver disponibles et prêts à la navigation. Mon métier de voilier me permet d'apporter une plus-value significative à ce travail. Je connais la filière et les solutions techniques. Les facilités d'approvisionnement que j'apporte sont vite appréciées à leur juste valeur. Je grée, je prépare, je traîne par la route les bateaux transportables, je convoie les autres... Environnement militaire oblige, on fonctionne avec des ordres de mission. C'est moi qui fixe les délais, et les convoyages vers La Trinité ou La Rochelle dévient souvent vers Belle-Île, où mes camarades et moi nous accordons quelques escales festives. Je dispute dans ce bel esprit de liberté « encadrée », en 1996, le Tour de France à la Voile. Mon père, Patrick, vient nous donner un coup de main. L'adversité est forte à l'époque, quarante bateaux sur la ligne, et de grands noms, Bertrand Pacé, Chris Dickson... Mon année militaire s'écoule ainsi, en tous points idyllique, puisqu'en plus d'intenses navigations j'ai rencontré ma femme, Soizic, lors d'un championnat de France de classe 8. L'année précédente, je m'étais présenté au concours devenu célèbre du Skipper Crédit Agricole. La banque, connue des marins sous l'affectueux patronyme de « Crédit Patate », organise chaque année une compétition entre des jeunes candidats navigateurs. L'enjeu, une pleine saison en Figaro, entièrement sponsorisée et prise en charge. Le pied à l'étrier idéal, mais qui attire naturellement grand nombre de prétendants. Avec le recul, je crois que c'est l'exemple de mon père qui me pousse à tenter ma chance dans cette élitiste série monotype. Mon année sous les drapeaux tirant à sa fin, je redoute le retour à ma vie rangée et organisée à la voilerie. Je veux plus que jamais naviguer et, du haut de mes vingt-cinq ans, je cogite fort à m'imaginer un avenir d'écume et d'embruns. Le tour de France à la voile, s'il était encore à l'époque qualitatif, ne fait pas vivre son skipper. La Coupe de l'America ? Rêve lointain, mirage pour coureur désargenté au palmarès transparent. La classe Figaro entre, elle, dans l'ère du professionnalisme. Tous les grands noms de la voile semblent s'y précipiter, Bourgnon, Le Cam, Desjoyeaux, Gautier, Cammas… J'atteins, en 1995, la finale du Challenge Crédit Agricole. C'est Nicolas Bérenger qui l'emporte. Ma préparation n'avait pas été optimale. Mon emploi à la voilerie accaparant tout mon temps, je n'avais guère eu le loisir de me familiariser avec le Figaro. Ma tentative sur le Challenge échoue, mais me permet d'identifier mes manques et mes lacunes. Je m'appliquerai à les gommer durant mes longs mois à l'École navale, particulièrement à ce poste de numéro un, à l'avant du bateau, qui gère et négocie les envois et les affalages[1] de voiles d'avant. Nicolas Bérenger, en fin de saison, me prête le Figaro. Charge à moi de me l'approprier, de le dompter et de le maîtriser dans l'optique du concours programmé pour la fin de l'année. Cadeau divin. Merci Nicolas. Je monte quatre à quatre les marches de l'escalier qui mène au bureau de mon capitaine. Je lui raconte tout, le Challenge, le bateau, mes ambitions… et mon service qui court jusqu'à la fin de l'année. Je lui propose d'emmener le Figaro à l'École navale, de commencer mes

1–Affalages : Action de descendre les voiles.

entraînements au Poulmic... et je lui demande de me libérer un mois avant la fin de mon service. Il accepte tout en bloc : « Emmène ton bateau, on va t'aider à gagner ce concours. »

Chaque soir en ce mois d'octobre 1996, après ma journée de travail normal à la formation des officiers, je sors en mer, en double ou en solo, et balbutie mes gammes en Figaro. Je me présente à Port-la-Forêt pour le concours. Je suis bien préparé. J'accède à la finale. Dernières régates. Je suis à égalité de points avec un autre postulant. Tout se jouera sur l'ultime manche. Parcours banane. Deux tours d'un tracé mouillé face au vent, permettant d'alterner bords de près, contre le vent, et « descentes » sous spi au portant. Départ pour une course décisive, pour le gain du concours, pour mon avenir de marin. Premier bord de près : je suis derrière. Affalage en vrac... Je suis largué. C'est perdu pour moi. Dernier bord de portant, mon concurrent n'envoie pas le spi. Ennui technique ? Je ne sais pas. Je suis 50 mètres derrière lui, et mon envoi de cette grande voile de portant est parfait. Je le double à 20 mètres de la ligne. À moi le bateau ! À moi la vie de coureur au large !

1997. Une grosse saison m'attend. Grands Prix, courses côtières classiques, Solitaire, régates en Méditerranée s'enchaînent pour l'obtention du titre déjà convoité de champion de France de course au large. Démarrage en fanfare. Je remporte les deux premières manches de mon premier Grand Prix. Je « tourne autour » des Le Cam, Desjoyeaux... De quoi s'enflammer. Mais l'épreuve à Porquerolles en Méditerranée me ramène vite à la réalité des talents et de l'expérience. Je découvre la Med, ses calmes interminables, ses vents erratiques... En classe Figaro, point d'annulations intempestives. On court, quelles que soient les conditions. Et c'est au comble de l'étonnement que je vois ces mêmes Le Cam, Desjoyeaux, Gautier, Drouglazet dans leurs œuvres, sortant de leur bonnet les coups les plus insensés, les bords les plus invraisemblables. Je me prends quatre heures dans la vue entre Calvi et Porquerolles. Tout ce beau monde est depuis longtemps au bistrot quand je pointe sur la ligne. J'arrive pourtant au départ de la Solitaire à Arcachon avec une étiquette flatteuse de favori parmi les « bizuts ». Ceux-ci ont pour nom Florence Arthaud, Damien Foxall, Jérémie Beyou... Mais mon début de saison a dopé mon capital confiance. Je prends un super départ, champion du coup de canon et de la bouée de dégagement. Je suis tout de suite dans le match, récoltant les fruits de l'obscur travail de Port-la-Forêt, à répéter à l'infini les manœuvres de base de ce Figaro. La première nuit est pénible. Lors de la remontée vers Belle-Île, j'analyse mal la donne météo et me retrouve du mauvais côté du plan d'eau. Je dégringole dans les profondeurs du classement. À l'approche de Belle-Île, mes pilotes rendent l'âme. Mal préparé, je ne dispose pas des pièces de rechange adéquates. Bonjour galère. Il me faut traverser sans aide au pilotage tout le Golfe de Gascogne jusqu'à Gijon, en Espagne, terme de la première étape. Je tiens trente-six heures sans dormir, avant de m'écrouler. Cammas remporte l'étape, et j'arrive en compagnie de Vincent Riou plus de vingt-quatre heures derrière le vainqueur. « C'est le métier qui rentre », résumera papa, laconique. Pour moi, c'est la grosse claque. Au classement démoralisateur s'ajoute la réalité de cette discipline, la dureté du bateau, l'exigence physique de la solitaire. Les navigations de nuit sont un calvaire. Mais comment font-ils tous, à se jouer ainsi du sommeil et des éléments ? J'ai tout à apprendre, météo, nav, endurance… Je m'entête, je veux continuer. Mais il me faut rendre le bateau en fin d'année.

1998 s'annonce difficile, avec une inscription au chômage comme cadeau du jour de l'an. Je grappille quelques sous lors de week-ends de navigation pour l'Edhec ou les « régates de la grande distribution »… C'est une nouvelle fois de mon père que viendra la solution. Il contacte son ancien sponsor, l'Assurance Concorde (qui deviendra *Generali* France) et les convainc de m'accorder un budget. L'assureur accepte. Je vais courir pour la première fois sous les couleurs, sous le nom d'un produit financier du groupe *Generali* Ambition. Pascal Bidégorry demeure le coureur officiel de Concorde. J'emprunte à la banque pour acheter mon bateau. Je n'en mène pas large. Je multiplie les sorties, les courses pour gagner ma vie et assumer cet emprunt colossal pour un « p'tit gars » de vingt-six ans. Budget famélique oblige, j'apprends à me prendre en charge, notamment en ce qui concerne la préparation technique de mon voilier. Point de miracle sur l'eau, bien que je parvienne régulièrement à entrer dans le top 10 des régates auxquelles je participe. Cette régularité me permet d'empocher dès cette première année le titre de champion de France des équipages de course au large. *Generali* décide de me suivre, et l'année 1999 se présente bien. J'entre de plus en plus dans la peau d'un coureur professionnel, mais c'est d'un tiers que va venir la vraie motivation de me surpasser, de gommer mes lacunes, de cesser mes « conneries ». Le 1er janvier de cette année-là, mon jeune frère Antoine, navigateur prometteur, est victime d'un grave accident de la route qui le prive à jamais de sa motricité et de sa lucidité. Depuis, il survit plus qu'il ne vit dans un centre spécialisé de Bretagne. Ce choc émotionnel m'ouvre les yeux sur le coupable dilettantisme de ma vie. Le chagrin me transcende et me permet d'expérimenter, dès mes premières régates dans cette funeste année, la rage viscérale de gagner. Je termine mes premiers Grands Prix en larmes, vidé de toute substance, ayant tout donné à la mémoire de mon frère.

Petit à petit, je m'installe donc dans ce métier aux contours encore flous de navigateur océanique. Marie, mon premier enfant, arrive en notre domicile de Saint-Brieuc, cadeau du ciel pour mes parents terriblement affectés par la paralysie de mon frère. Les liens avec mon sponsor *Generali* se tissent lentement mais sûrement : la confiance que l'équipe place en moi grandit avec le temps. Première transat en Figaro, en double avec Ronan Guérin. Trois jours au près dans 35 à 50 nœuds de vent dans le golfe de Gascogne. C'est Verdun, la baston, la guerre. Il faut toute la farouche ténacité de Ronan pour parvenir à Madère, terme de la première partie de la course. Le second tronçon, vers Saint-Barth, m'offre, en plus de ma première traversée de l'Océan Atlantique, une autre facette du métier de navigateur, la pétole, l'usante attente au milieu de nulle part sur un voilier à l'arrêt ! L'absence de vent, franche et nette, le bateau ballotté pendant des heures, des nuits, le claquement inutile des voiles, le roulement stérile des coques... Bon Dieu ! Qu'est-ce que je fais ici ? Gros malins de l'anticipation, nous avions Ronan et moi, dès le départ de Madère, voulu alléger le bateau en vidant par-dessus bord une grande partie de nos réserves d'eau. Un orage bienveillant et ses pluies diluviennes nous permettront, à quatre jours de l'arrivée, de ne pas trop regretter cette mauvaise anticipation et cette erreur de la part de marins. Bienvenue dans le monde de la course au large.

Arrive The Race[1], la course du Millénaire. Le grand rêve, l'ultime défi imaginé par Bruno Peyron au sortir de son record autour du monde initiatique de 1993, moins de quatre-vingts jours autour du monde en équipage et en multicoque. Bruno l'a rêvé, Bruno l'a fait. Six multicoques géants, barrés par les plus grands marins de l'époque, sont au rendez-vous de Barcelone. C'est Halvard Mabire, monument normand de la course au large, avec qui j'ai disputé la Course des Phares 1998 à bord du trimaran de 60 pieds de Paul Vatine, qui me

1–**The*Race:*** Course autour du monde « no limit » inventée et organisée par Bruno Peyron pour célébrer l'entrée dans le 3ème Millénaire. Le départ fut donné de Barcelone le 31 décembre 2000.

parle du grand projet de l'aîné des Peyron. Une course gigantesque, planétaire, « open », à bord des plus grands multicoques de course de l'époque, autour du globe, pour célébrer le nouveau millénaire. Départ de Barcelone le 31 décembre 2000, arrivée à Marseille, après l'équateur et les trois grands caps. Du délire. Du jamais-imaginé. Un beau matin, j'annonce à Soizic que je dois me rendre à Cherbourg, pour y rencontrer Mabire, Lemonchois et d'obscurs Américains qui construisent un maxi-catamaran de course de 33 mètres pour faire le tour du monde. Je la rassure. On ne fait appel pour l'heure qu'à mes compétences de voilier. Le bateau a du retard. Le management à l'américaine dans un chantier français est un désastre. Mabire convainc Cam Lewis, navigateur et armateur du bateau, que je suis l'homme de la situation pour mener la construction de ce bateau géant à son terme. Quelle blague ! Je ne sais tenir ni tournevis ni perceuse. Halvard a senti mon attirance pour l'aventure et le tour du monde. Il m'explique directement, de sa voix de stentor, que c'est pour moi l'opportunité de me faire une place dans ce projet élitiste, unique, un poil mégalo… Comme aimanté par l'odeur de l'aventure, j'accepte.

Le bateau est finalement mis à l'eau. Tardivement. Autour de Mabire et de Lemonchois, les Frenchies s'activent. Les Américains débarquent (on est en Normandie), gros bras sous les T-shirts et Ray-Ban sur le bronzage. Premiers bords au-delà de la rade de Cherbourg. Les sourires Gibbs ont disparu. Le tour du monde à bord d'un tel monstre fait brutalement beaucoup moins rêver. Les Yankees *go home* pour de bon. Les équipiers se font de plus en plus rares à l'approche de la date fatidique du départ. Le convoyage entre Cherbourg et Barcelone en plein mois de novembre est épique. Arrêt à La Corogne, non pas pour réparer, mais simplement pour refixer... un hauban qui pendouille négligemment. Notre état de non-préparation est dramatique. Pour faire bonne mesure, je suis malade comme un chien. La traversée du golfe de Gascogne s'effectue au près, dans 35 nœuds de vent. Le monstre de carbone, ses 33 mètres et ses 20 tonnes bondit, cogne, nous massacre sans pitié. C'est un enfer. Notre skipper Cam Lewis semble déconnecté de la réalité d'une telle navigation. Il alterne longs moments d'absence au fond du bateau et extravagances délirantes sur le pont. *Team Adventure* est un bateau sans capitaine. Larry Rosenfeld a investi ses deniers dans la construction du bateau. Il se bombarde « navigateur ». C'est Jean-Yves Bernot qui tient en réalité ce poste fondamental. Arrivés à Barcelone, les équipiers américains annoncés ne sont pas au rendez-vous. Il manque des bras. Quinze jours avant le départ, Cam Lewis me recrute officiellement pour faire partie des quatorze membres d'équipage appelés à disputer The Race, la course du Millénaire. Bruno Peyron a réussi le tour de force de générer un « buzz » énorme autour de sa course. Notre équipage est un mix franco-américain. La course prend vite pour nous des allures d'aventure. Premier arrêt à Cape Town, en Afrique du Sud, bateau cassé, deux équipiers à l'hôpital. Nouveau départ au bout de quatre jours, et nouvel arrêt en Nouvelle-Zélande, à Wellington, poutre centrale cassée. Cette fois, c'est moi qui débarque au comble de la douleur. On me diagnostique une hernie discale. Je ne me plains pas. Je viens de faire la découverte du Grand Sud, et des longs surfs à près de 30 nœuds sous le regard curieux des albatros. Le catamaran géant, malgré ses nombreuses imperfections, me séduit. Équipier de base, je n'ai pas touché la barre, mais les sensations procurées par nos barreurs de l'extrême, Randy Smith ou Jacques Vincent, sont exceptionnelles. Nous tenons un rythme endiablé, le cata en permanence en équilibre sur une seule coque. Des fondus ! « Si ça fait pas mal, c'est pas normal. » Des furieux qu'un vrai patron dirige en sous-main, avec une assurance, une maîtrise, un calme impressionnant en toutes circonstances, le Normand Lionel Lemonchois. Pas de cri, pas un mot. Le bonhomme est étonnant, qui retourne les voiles gigantesques en un tour de main tout en dirigeant les manœuvres les plus scabreuses sans avoir l'air d'y penser.

Malgré la blessure, je sors de cette aventure riche d'expériences, de savoir et d'envie. Je parviens pour la première fois, au contact de ces grands marins, à mettre un nom, une couleur à mes lacunes et à mes manques. Un préparateur mental, Gilles Monnier, croise mon chemin lors de la Solitaire du Figaro suivante. Je lui expose mes problématiques et il me propose que nous travaillions ensemble à les gommer. The Race m'aura, c'est incontestable, mûri techniquement, professionnellement et humainement.

Je gagne la Solo Porquerolles, et passe très près d'une victoire d'étape lors de la Solitaire. J'ai progressé en abnégation. Je lutte toujours contre cette sacrée résistance au sommeil. Le déclic survient l'année suivante, en 2002, avec la naissance de mon fils Titouan, en pleine étape de la Solitaire en Espagne. J'ai le choix de rentrer en France voir mon enfant, geste naturel et acceptable. Mais je peux aussi rester en course, et me prouver quelque chose, rendre quelque chose à ceux qui m'entourent, à Soizic, à Titouan que je n'ai pas vu naître. Je décide de rester en Espagne et de prendre le départ de la dernière étape. Pour la première fois dans ma vie d'homme et de marin, je me fais mal, je me torture. Gijon-Ouessant dans 35 nœuds. Un seul bord ! Vient la Manche et le portant dans les petits airs vers Cherbourg. Renverse des courants, bouillonnement sous la Hague… regroupement de la flotte. On ne passe pas. Je rentre dans le courant, bateau en crabe, mais le vent revient légèrement, suffisamment pour me permettre de traverser le gros du courant. Je débouche de l'autre côté et rentre à Cherbourg en vainqueur. Je lance un cri : « À Titouan ! À mon fils ! » C'est le déclic. J'ai compris le prix à payer pour aller chercher une victoire. Je gagne la dernière étape disputée à bord du monotype Figaro 1. Et l'année suivante, je remporte la première étape disputée à bord du nouveau monotype Figaro 2, support actuel de la classe Figaro.

Parallèlement, mon goût pour les grands multicoques et les défis planétaires n'a fait que grandir. À la course en ligne The Race, succède le Trophée Jules Verne, record absolu à la voile, en équipage et sans escale autour du monde, au départ et à l'arrivée de Brest. Les maxi-multicoques sont à l'honneur. Le milliardaire aventurier américain Steve Fossett est sur les rangs, ainsi qu'Olivier de Kersauson et Bruno Peyron. Fin 2001, j'approche Kersauson et lui propose mes services. Fin de non-recevoir méprisante. J'appelle Bruno Peyron, qui vient d'armer aux couleurs d'*Orange* l'un des grands plans Ollier, utilisé pour The Race par son frère Loïck sous le nom *d'Innovation Explorer*. Bruno réalise vite que les coureurs français disposant d'un minimum d'expérience autour du monde à bord de telles machines se comptent à peine sur les doigts des deux mains. Hervé Jan, Ronan Le Goff, Philippe Péché, Yves Le Blévec, Nick Moloney, Gilles Chiorri, Florent Chastel, Sébastien Josse sont de l'aventure. Préparation dans l'urgence. Première tentative : tête de mât arrachée. Retour au port, réparation express et nouveau départ. Le bateau quitte le quai, je suis au milieu des sacs à voiles ; « Stop, arrêtez tout ! » Mon sac est encore dans ma voiture. Je le récupère en vitesse, confie les clés à un inconnu, et embarque pour le tour du monde. L'hiver 2001-2002 se déroule ainsi en accéléré, soixante-quatre jours pour faire le tour de la planète mer. Deux jours de plus que le temps de *Club Med* sur The Race. Une demi-performance insatisfaisante pour Peyron, ambitieux, perfectionniste, qui décide illico la construction d'un catamaran encore plus grand, encore plus « géant », 38 mètres, pour y retourner et marquer les esprits.

Je découvre avec Bruno un « vrai » patron. Il est le seul à

pouvoir imaginer, concevoir et mener à bien un projet comme celui-là. Son expérience sur ces bateaux de l'extrême est unique. C'est un visionnaire, qui imagine et donne vie à des challenges futuristes inconcevables pour la majorité d'entre nous. Il a monté une équipe solide, soudée, à fortes personnalités, différentes, complémentaires. Et il faut effectivement du caractère pour survivre à la phase de préparation toute en improvisation qui se met en place à La Ciotat. Les chantiers de la cité méditerranéenne sont moribonds. On travaille dans un no man's land lugubre, à l'ombre des grandes grues inertes et inutiles. L'argent est rare. Alain Gabbay parvient à motiver toute une équipe de jeunes qui se défoncent dans l'espoir d'intégrer le projet. L'un d'eux sera en effet sélectionné pour partir avec nous. Il s'agit d'un personnage énigmatique au passé sulfureux d'ancien commando, vaguement agent secret, à l'énergie monumentale et au patronyme imprononçable. Il part un matin pour Marseille. On ne le reverra plus jamais. Je bosse sur les voiles avec Philippe Péché. Une vraie cohésion humaine se crée, qui jette les bases fermes du succès de la campagne 2004-2005. On touche à tout. On est en retard. Le premier jet d'un voilier prototype de l'extrême n'est jamais le bon. Nos tentatives de 2003-2004 sont des échecs. Les casses se multiplient. L'équipage, dévoué corps et âme à Bruno, doute pourtant du bateau. Une énième casse au large des îles du Cap-Vert et on rentre à la maison. Peyron, loin de jeter l'éponge, rehausse la barre de ses ambitions. C'est toute une campagne de records qu'il nous annonce pour 2004 et 2005,

Méditerranée, Atlantique et tour du monde. Figaro oblige, je manque les grands records de la Med et de l'Atlantique à bord du maxi-cat *Orange II* modifié et optimisé. Sans regret, car j'effectue en Figaro une superbe saison, remportant deux victoires d'étape lors de la Solitaire, et terminant sur la seconde marche du podium au championnat de France de course au large. Fred Le Peutrec fait aussi appel à moi pour naviguer en Grand Prix à bord de son fabuleux trimaran de 60 pieds. Victoire à Calvi, et énormes sensations sur ces libellules des mers, en permanence sur le fil du chavirage. Les trimarans de 60 pieds sont les plus beaux bateaux du monde. Tout simplement. Gonflé à bloc, je postule de nouveau auprès de Peyron à l'hiver 2004. Il me bombarde chef de quart. Il a réuni une dream team à la bretonne, des gars des Abers ou de Port-Laf', durs au mal et forts en gueule. Ni Coupe de l'America ni Volvo Ocean Race – à contre-courant des approches actuelles. Peyron donne sa confiance à des Lemonchois, Caraës, Stamm, Le Goff… et ça marche ! un tour du monde comme dans un rêve. Des journées de folie à plus de 600 milles. Et la barre des cinquante jours atteinte pour boucler le tour du monde. Phénoménal. Et éprouvant pour mes nerfs. La responsabilité de chef de quart pèse sur mes épaules. Chaque décision est lourde de conséquences. Chaque appréciation peut décider de la fin ou de la continuité de l'aventure, avec la terrible sanction d'abîmer le matériel ou, pire, de blesser quelqu'un. Dans l'équateur, je fais une énorme connerie : je sous-estime totalement l'importance et la virulence d'un grain. On évite d'un cheveu le chavirage quand l'accélération brutale du vent nous surprend sur toilé, grand-voile haute et code zéro[1] à l'avant. En quelques minutes, le vent souffle à plus de 30 nœuds. Les gars sont à l'avant, en slip de bain, à tenter d'enrouler la voile. La trinquette bat dans tous les sens et finit par se déchirer sur l'arrête d'une dérive. Bruno gronde. C'est une grosse claque pour moi. Mon jugement, mon appréciation ont été pris en défaut. Au moment où j'appelle l'équipage pour effectuer la manœuvre, Lionel Lemonchois, dès le premier coup d'œil, voit ce que je n'ai pas su discerner : « Bon ben là, mon gars, c'est trop tard... » Je vis le reste de mon tour du monde sous pression, coupable et culpabilisant sur mon excès de confiance d'un instant. Je m'applique mais reste en deçà, de peur de casser du matériel. Bruno m'encourage : « Tu navigues propre, mais tu peux aussi attaquer. » Le quart de Lemonchois navigue fort, et les chiffres sont sans appel quand on compare les milles avalés d'un quart à l'autre. Je m'épuise à tenter de rester au niveau de cet équipage de cadors. Mais le rêve du Grand Sud est bien là, grands surfs, grandes vagues et albatros... Et l'envie d'y revenir ne me quittera plus. Barrer un multicoque sur une coque à 40 nœuds ! Le « pied » absolu, malgré l'angoisse, à la limite. J'aurais beaucoup appris de Peyron. Je lui dois l'apprentissage de l'exigence, de la fiabilité, de la prise de décision. Je n'aurais pas pu mener l'aventure *Generali* dans le Vendée Globe si je n'avais pas côtoyé Peyron. Lemonchois le funambule et Stamm l'indestructible,

1–Code zéro : Grande voile d'avant (Génois).

sont mes autres mentors. Ces campagnes autour du monde à leurs côtés m'ont donné la maturité pour envisager la grande circumnavigation en solo.

Le Vendée Globe offre au marin l'aventure absolue en solitaire, la gestion autonome de sa vie, de son destin. Une composante obligée dans le cursus d'un navigateur. Le Sud m'appelle. J'arrive. Seul.

2006, je tire ma révérence au circuit Figaro avec un titre de champion de France de solitaire. Mon 60 pieds Imoca *Generali* est en construction. Je change d'échelle.

CHAPITRE IX

Le voilier du rêve

The Race, cette improbable aventure autour du monde à bord d'un maxi-catamaran multiculturel, malgré ses imperfections, ses approximations techniques et stratégiques, m'a définitivement aliéné à son indicible saveur, mélange de peurs ancestrales, d'envie de découverte et d'inconnu, sur fond d'adrénaline. Dès 2001, je sais que je retournerai voir ce Grand Sud, goûter à nouveau l'ivresse des grandes vitesses dans les espaces sans fin des plus grands océans de la planète. Je pense aussi à cette même expérience, mais en solitaire. Le défi absolu. Il a pour nom Vendée Globe et, comme un Everest appelle tout montagnard, le tour du monde en solitaire, sans escale et sans assistance attire comme un aimant tout marin avide des plus grandes libertés à la barre d'un voilier de course. Tout ébloui des magies antarctiques, j'élabore ainsi à l'aube du nouveau millénaire, et à peine débarqué de Nouvelle-Zélande, une première ébauche de projet, que je me propose d'exposer à mon partenaire *Generali*. Le nom de l'assureur a déjà été porté très haut par Alain Gautier lors du premier Vendée Globe en 1989, et mes idées trouvent un certain écho au sein des services communication du groupe. J'aligne des chiffres, lance des études, et au lendemain de ma victoire en Figaro dans la Solo Méditerranée, à l'été 2001, rendez-vous est pris avec la direction de *Generali* pour discuter de la faisabilité d'un Vendée Globe avec Eliès pour skipper. Arrive un certain 11 septembre… La voile, l'aventure, les risques du large n'entrent plus dans la sphère d'intérêt des assureurs. Partie remise, me dis-je. Je poursuis mon bonhomme de carrière, renforçant à chaque expérience autour du monde avec Bruno Peyron ma conviction qu'il me faudra, tôt ou tard, réaliser la grande boucle, seul à la barre de mon projet. L'édition 2004-2005 du Vendée Globe part donc sans moi. Je me console en arguant de mon manque d'expérience. Une nouvelle chance m'est offerte de présenter l'idée du Vendée Globe à la direction de *Generali*. Nouvelle fin de non-recevoir. Un tour du monde express à bord du maxi-catamaran *Orange II* me fait oublier ma déception. Le groupe *Generali* effectue à cette époque une formidable mutation en France. Dans le courant de l'année 2005, le groupe décide d'intégrer à sa communication les thématiques du développement durable. La voile, avec ses valeurs, ses ouvertures technologiques vers les énergies renouvelables, apparaît alors pour le groupe sous un jour nouveau et particulièrement porteur. La veille du départ de la Transat Jacques Vabre 2005, que je dispute à bord du monocoque 60 pieds de Bernard Stamm, j'apprends que la direction du groupe *Generali* m'accorde le feu vert pour le lancement de mon projet « Vendée Globe 2008 ». Un 60 pieds à construire, pour disputer la plus grande, la plus magique, la plus bardée de superlatifs de toutes les courses en solitaire. Notre Transat tourne court, la faute à un safran rebelle, et je me retrouve en cette fin de l'année 2005 en escale technique en Espagne, devant la page blanche de mon projet. Je croise lors de cette escale deux personnages décisifs dans le lancement de mon aventure : « Little Big Man » Erwan Steff est là, en responsabilité au sein de l'organisation de la grande course en équipage Volvo Ocean Race, dont le départ est imminent à Vigo. Je lui demande d'emblée de me suivre dans l'aventure. Erwan, son énergie multicarte, gestionnaire, technicien administratif, est le bras droit « organisationnel » dont j'ai besoin. J'ai, en ce début d'année 2006, parfaitement confiance en ma capacité sportive à tourner seul autour du monde. Imaginer, dessiner, concevoir, réaliser un prototype monocoque de 60 pieds capable de porter mes ambitions exige de ma part une répartition intelligente des responsabilités au sein d'un team solide et à mon image. Erwan est l'une des pierres fondatrices de l'édifice baptisé « Full Speed », du nom de la société que je crée pour l'occasion. Ne souhaitant pas me livrer « pieds et poings liés » aux inspirations, aussi géniales soient-elles, des architectes, je cherche un directeur technique. Je pense d'abord à Alain Gautier. Ce sera en définitive mon père, Patrick, qui assurera *de facto* ce « job » de modérateur face aux options proposées par les architectes.

Sans attendre le contrat, sans subsides, je me lance dans la réflexion technique du projet. Je le salarie, ainsi qu'Erwan, sur mes propres deniers, dans l'attente de la signature des contrats avec *Generali*, qui ne perçoit pas l'urgence du démarrage de mon aventure dès ces premières semaines de l'année 2006. Chaque jour importe désormais dans un compte à rebours que j'ai lancé et qui s'arrête à la date fatidique du 9 novembre 2008, le départ de la sixième édition du Vendée Globe.

Il me faut intégrer la conception de mon bateau dans la logique de la communication et de l'image de mon partenaire *Generali*. Hors de question pour moi d'aller chercher dans les hémisphères lointains compétences et prix de revient. La naissance de mon « bébé » devra être partagée avec tous les collaborateurs de *Generali*. Je cherche donc en France le prestataire le plus en harmonie avec les exigences de perfection de mon équipe et de mon partenaire. C'est le chantier Multiplast de Gilles Ollier qui cristallise nos critères d'excellence. Il a pour voisin, à Vannes, une vieille connaissance de ma famille, quelqu'un que j'admire depuis toujours, l'architecte Pascal Conq, à la tête du célèbre cabinet Groupe Finot-Conq. Pascal est un homme qui me touche beaucoup, qui avait dessiné le bateau d'Alain Gautier lors de la première expérience de *Generali* autour du monde. Il est aussi, accessoirement, l'architecte des trois derniers bateaux vainqueurs du Vendée Globe. Le « package » idéal est à mes yeux réuni, avec un recentrage géographique parfait. La mise en place du projet est laborieuse. Mon partenaire, et c'est louable, a besoin d'explications sur mes choix et décisions techniques. Chaque mois, Erwan et moi, cravatés et rasés de frais, montons, attachés-cases en main, à la capitale pour expliquer et justifier nos choix. Un compte rendu hebdomadaire nous est également demandé. Une charge contraignante, à l'heure où il me faut prendre mille et une décisions par heure, mais que je ne regrette nullement, car cette pression intellectuelle m'aidera à me structurer mentalement et, à terme, à endosser ce costard de patron que mon esprit frondeur méprisait, mais que la quête de la performance impose. Toute idée bien présentée est acceptée. Ces comités de pilotage vont petit à petit convaincre *Generali* de la solidité de notre équipe.

Choix d'une quille carbone, barres à roue, dessin de carène… Tout sera décidé en concertation entre le cabinet d'archi, mon partenaire *Generali* et mon équipe. Le cahier des charges tient en une seule phrase : « Je veux un bateau fiable, qui termine ses courses. » Mes expériences avec *Orange*, maxi-catamaran « en béton », capable d'aller et venir en enfer, m'ont beaucoup marqué. C'est un peu l'héritage que je dois à Bruno Peyron. À chaque décision cruciale qu'il me faudra prendre, je me relierai à mon vécu avec Bruno. Cette philosophie cadre bien naturellement avec l'esprit de mon assureur de partenaire. De mes choix quelque peu conservateurs naîtra un bateau un peu lourd, long à mettre au point, mais au final, après moult évolutions, parfaitement conforme à nos ambitions, puisque hormis l'accident « humain » qui me sortira du Vendée Globe mon proto-*Generali* terminera chaque course à laquelle il participera, nous hissant à la veille du départ du Vendée Globe en tête du classement du championnat Imoca, la classe des monocoques de 60 pieds. La construction du moule est lancée au printemps 2006. Mon équipe s'étoffe petit à petit, tandis que je prépare ma saison en Figaro. À l'automne, Philoun Laot nous rejoint. La machine s'emballe. Je navigue sur l'eau et sur les routes, entre fournisseurs et bureaux installés chez Multiplast. Nous souhaitons mettre le bateau à l'eau au printemps 2007, de façon à naviguer tout l'été et à participer à l'automne à la Transat Jacques Vabre entre Le Havre et Salvador de Bahia. La construction d'un voilier de course prototype n'est pas un long fleuve tranquille. Surcoûts, défauts de fabrication, retards viennent émailler ce parcours du combattant. On relance les sous-traitants, on négocie à tour de bras... Le petit microcosme des fabricants de bateaux de course bouillonne sous la multiplication des projets. Chacun exige les mêmes délais, les mêmes échéances. C'est la surenchère. Des coûts. Des livraisons. De l'espionnite aussi.

C'est l'heure, à dix-huit mois du Vendée Globe, où les rumeurs et bruits de ponton vont bon train : qui fait quoi, où et pourquoi ? Jeux d'intox, infos et bruits de latrines. Je m'en amuse, tout en me forgeant l'esprit à ces mille et un métiers, à cette multitude de composantes intellectuelles et techniques qui mènent à la création *ex nihilo* d'une machine capable d'effectuer à haute vitesse un tour de la planète en course et en solitaire. L'échéance de la mise à l'eau du bateau arrive comme dans un rêve, ou est-ce un cauchemar ? La date du baptême a été, prestige du parrain Zinédine Zidane oblige, fixée très tôt, et de manière immuable. Les huit jours et les huit nuits qui précèdent cet important événement sont fiévreuses. Toute l'équipe, autour d'Erwan et de Philoun, multiplie les miracles et les tours de force pour mettre à l'eau, ou devrais-je dire « jeter à l'eau », gréer et envoyer les voiles dans les délais. Je vis ce baptême, au demeurant très réussi, dans un état second, vaincu par la fatigue, l'urgence et la tension. Je dois pourtant faire bonne figure, assurer les relations publiques. J'ai rencontré Zizou en février 2006 à Madrid lorsque je lui ai demandé de devenir le parrain du bateau. Je le revois une seconde fois en février 2007 lorsqu'il se déplace à Vannes voir la construction de mon monocoque. Il sera l'un des tout premiers à naviguer à bord de *Generali* quelques jours après sa mise à l'eau. Ce bateau m'est encore inconnu, mais je joue les vieux habitués. Nous sommes cependant dans les temps, et nous nous offrons le luxe de nous aligner trois semaines plus tard à Calais au départ de la Calais-Round Britain. Ce tour des îles britanniques en équipage ne nous est guère favorable, le tout petit temps mettant d'emblée en exergue la relative lourdeur du bateau. On navigue dans le brouillard, au sens propre comme au sens figuré, tâtonnant à la recherche du mode d'emploi de notre beau coursier. On finit cinquièmes. On finit, surtout. En mon for intérieur, je m'interroge. Le bateau est beau, le projet superbe. Mais la puissance de ce voilier m'effraie quelque peu : comment serai-je jamais capable de mener ce monstre en solitaire ? Une première approche vers le solo m'est proposée dès l'automne 2007, dix-huit mois après la décision de construire ce bateau, déjà, avec la Transat en double vers Salvador de Bahia. Je choisis Sébastien Audigane pour équipier. Grand barreur, costaud, compétiteur jusqu'au bout des doigts, il est le marin idéal pour m'aider à apprivoiser mon coursier. Pauvre Seb : malgré toute sa détermination et sa pugnacité, cette transat à bord d'un prototype flambant neuf et à court de mise au point vire à la punition. Disputée majoritairement au portant, la Transat Jacques Vabre soumet mon lourd voilier à l'épreuve des petits airs. Nous sommes « collés » sur l'eau, et les principaux protagonistes du Vendée Globe nous lâchent irrémédiablement. J'arrive dans la Baie de tous les Saints en proie au plus amer des doutes. Huitième au classement, je n'ai pour me consoler que la maigre satisfaction d'avoir terminé la course, sans avarie qui plus est. Je ne dispose que d'une grosse huitaine de jours pour remonter la pente. Une nouvelle course m'attend en effet, qui ramènera les voiliers en compétition vers la Bretagne, en solitaire de surcroît. Je suis dans mes petits souliers. Et pourtant, de cette « B to B », Bahia to Bretagne, va jaillir la lumière. Je prends un départ canon,. Dans un alizé soutenu, mon *Generali* se révèle à moi : dur au mal, solide, puissant, il tolère et accepte sans sourciller mes erreurs et mes tâtonnements. Je suis au contact de la tête de course, bord à bord avec Loïck Peyron, Kito de Pavant, Marc Guillemot, dont le *Safran* hyper-léger fait figure d'épouvantail à un an du Vendée Globe. Je découvre jour après jour, vague après vague, le bien-fondé de nos choix techniques et architecturaux de l'hiver. Du plus profond de ma déception de la Jacques Vabre émergent, en route vers la Bretagne, confiance et satisfaction. Ça y est ! J'ai mon bateau. J'ai dompté mon pur-sang, et il m'a adopté. J'arrive en quatrième position à Port-la-Forêt. Deuxième course, deuxième achevée, avec un podium qui se profile.

Arrive 2008, année fatidique, année Vendée Globe. L'hiver est studieux. L'an 1 du monocoque *Generali*, à défaut de tout triomphalisme, a apporté son lot d'enseignements positifs et, au terme de deux transatlantiques disputées et achevées, nombreuses sont les satisfactions, et clairs sont les axes de travail et d'optimisation. Toute mon équipe s'y attelle, sous la direction de Philippe Laot. On décide de remédier à la lourdeur du bateau par l'adjonction d'un nouveau mât, léger et profilé. On supprime aussi les deux grandes barres à roue, héritage « culturel » de mon passage sur le maxi-catamaran *Orange* de Bruno Peyron. La chasse au poids se fait sans états d'âme, la « B to B » nous ayant pleinement rassurés sur le potentiel intrinsèque du bateau. En juin, la Transat anglaise, la doyenne des transats, lancée en 1960 par les Chichester, Colas et autres Tabarly, va servir de répétition générale à la grande confrontation de l'automne, le rendez-vous sablais du Vendée Globe. Mis à part les quelques coureurs ayant choisi de faire leurs gammes autour du monde sur la Barcelona World Race, tous les prétendants au sacre ultime sont présents à Plymouth, ville de départ de la transatlantique Nord, à destination de Boston. On la dit mythique. Elle l'est, et plus que cela encore. Disputée contre les vents dominants générés par les dépressions descendues du Labrador et des grands froids canadiens, c'est une course âpre, exigeante que je vis la tête pleine des images de mes inspirateurs, Tabarly, Fauconnier… Vatine. Du *Titanic* aussi. L'alerte aux icebergs, en plein Atlantique et en plein mois de juin, me surprend, qui nous déroute bien loin de Cape Race et de Terre-Neuve. Je suis dans le coup, au plus près de Michel Desjoyeaux, qui m'entraîne à son corps défendant dans la première mauvaise option de la course. Je m'accroche. La casse prélève son écot. Me voici troisième en vue de Nantucket. Las ! Une de mes barres de flèche se brise. Je suis sous la menace d'un démâtage, à quelques encablures du continent américain. Réduction de voilure, angle au vent moins serré, je parviens à rallier Boston et l'anonymat yankee qui célèbre l'arrivée des navigateurs solitaires. Je partage le podium avec Loïck Peyron et Armel Le Cléac'h. La fiabilité espérée, la solidité étudiée sont bien l'apanage de mon bateau. Le Vendée Globe peut s'avancer. Je rentre en convoyage avec une partie de l'équipe, l'occasion de partager le plaisir de naviguer sur ce beau voilier de course avec ceux qui l'ont construit. Mon équipe expérimente ainsi in vivo les réalités des solutions mises en place dans le confort des chantiers. On part sans trop choisir de fenêtre météo, et on rallie Lorient en neuf jours, très près du record de la traversée de l'Atlantique en monocoque 60 pieds open.

Nous sommes désormais installés dans nos locaux de la base des sous-marins de Lorient. À deux mois du Vendée Globe, je perds la notion du temps. Tout semble s'accélérer, mais sans esprit de panique. Je suis prêt. Techniquement, les entraînements organisés par le Pôle France Finistère course au large de Port-la-Forêt offrent une confrontation intéressante entre deux bouées avec les principaux engagés du Vendée Globe. Entre intox et intimidation, je tire mon épingle du jeu. Une forme de sérénité m'envahit, confortée par la conviction d'avoir réussi mon bateau, et de disposer de la meilleure machine imaginable pour aborder mon premier tour du monde en solitaire. J'ai la satisfaction d'avoir mené à bon port le pari que j'avais proposé à l'hiver 2005 à mon partenaire. Point culminant à ce satisfecit, je trouve mon bateau beau, et je suis fier. À partir d'une page blanche, j'ai monté une équipe, imaginé un projet et construit un prototype de course performant. De skipper de bateau, je suis devenu skipper d'une équipe, aventurier « taille patron », dans la confiance et l'amitié de mes équipiers. Coûts et engagements ont été respectés. *Generali* s'est aligné au départ et à l'arrivée de toutes les courses au programme.

J'ai toujours refusé, dans tous mes échecs, de rejeter la faute sur la chance. Ce que j'ai vécu sur ce Vendée Globe peut s'expliquer sous un angle technique et psychologique : technique, parce que cette usure d'un bout à l'avant du bateau n'aurait jamais dû se produire. Ce bout-dehors est la zone interdite d'un monocoque de 60 pieds. Devoir s'y aventurer par nécessité est symptomatique d'une imperfection. Psychologiquement, je me suis trouvé au mauvais endroit au mauvais moment. L'abandon cruel, injuste de Bernard Stamm aux Kerguelen m'avait rudement secoué. Je sortais de trois jours de tempête qui m'avaient laissé mentalement très fatigué. J'avais multiplié les petites bêtises, ce qui m'avait énervé, titillant à l'excès mon orgueil. Je voulais réagir, je voulais lutter, je voulais prouver. Je n'étais plus dans la peau du marin qui doit absolument, par-dessus tout, préserver et ramener son bateau, terminer la course avant tout espoir de résultat. En oubliant cet axiome, je me suis mis à la merci de l'océan. Un Vendée Globe, ce sont des mois, des années de travail, avec l'appui inconditionnel de ses proches, de partenaires fidèles, d'équipiers engagés corps et âme… et pourtant, la moindre faiblesse, le plus petit instant où l'on baisse la garde, on se retrouve au tapis, pour le compte. Aucun droit à la plus infime des fantaisies. Maîtrise et réflexion doivent prévaloir aux pires instants sur la douleur ou sur la fatigue. Mon Vendée Globe a connu cette phase positive durant laquelle, naviguant en pleine maîtrise de mes émotions, j'ai pu placer avec lucidité et efficacité mon voilier aux avant-postes. Cette phase de grande harmonie a duré le temps de la descente de l'Atlantique, moment clé et excitant de cette sixième édition de la course, lorsqu'une douzaine de monocoques se sont trouvés à négocier au contact le contournement de l'anticyclone de Sainte-Hélène. Les changements de leaders se multipliaient au gré des classements.

Le 5 décembre, au cœur des quarantièmes, je m'installe à mon tour dans le fauteuil humide de leader. Bord à bord avec mon ami Seb Josse, je suis en tête du Vendée Globe. Trop tôt dans la course. Seb et moi nous échangeons allégrement la première place tout au long de cette journée. Le rythme est soutenu et l'allure inconfortable, mais je suis en harmonie avec mon bateau, naviguant sans agressivité, en souplesse et avec une bonne lecture de l'évolution des systèmes météo, facilitant l'anticipation des manœuvres. Me trouver ainsi aux avant-postes de la course, à la lutte avec Josse, a été un moment fort de ma course. C'est finalement son *BT* qui franchit en tête la latitude du cap de Bonne-Espérance, avec une petite heure d'avance sur mon *Generali*. Loïck Peyron, dominateur durant toute la descente de l'Atlantique Sud, est à mes basques. À compter de ce moment, je n'accepte plus de redescendre au classement. J'entre dans l'engrenage infernal des attaques à mauvais escient pour me refaire chaque fois qu'on me dépasse. Attaques qui provoquent les petites avaries qui énervent et rongent imperceptiblement votre capacité à prendre du recul, à jauger et à juger les situations. Le peloton des prétendants à la victoire est alors compact au moment où se profile l'océan Indien. Les attaques fusent, un coup au nord, un coup au sud. Les options extrêmes en limite des « portes des glaces » paient pour le club des téméraires, que je me refuse d'intégrer. Ce Sud tant attendu et souhaité m'agresse. Je le subis. Je ne trouve pas le plaisir attendu. Les conditions sont sévères, et nos 60 pieds n'ont pas la capacité d'un grand catamaran à éviter les dépressions. Où sont les grands moments d'euphorie à bord d'*Orange* ? Pas d'échappatoire en 60 pieds quand on tourne autour de l'Antarctique. J'y repenserai longuement, plus tard, allongé sur mon lit d'hôpital australien. Je me remémore ce sentiment d'injustice né du brutal abandon de mon ami Bernard Stamm, rudement drossé sur les cailloux des Kerguelen. J'entre alors en révolte contre cette impuissance. Mon message du 16 décembre à mon équipe de communication témoigne de cet état d'esprit et annonce quelque part, comme une prémonition, l'accident à venir : « *L'aventure vient, depuis quelques jours, de se transformer en combat au corps à corps. L'Indien, l'Apache, le Mohican est un valeureux guerrier. Et les pauvres cow-boys que nous sommes ont sous-estimé l'instinct sauvage de cet océan. Nous, les régatiers aux montures flambant neuves et aux pare-chocs chromés, ne faisons plus route en rang serré mais en ordre dispersé. Le champ de bataille laisse, à la lumière de l'aube, apparaître des monocoques mutilés et des marins groggy. Cette description de la situation peut vous paraître exagérée ce matin du 16 décembre, mais à travers les petits coups de fil passés à droite et à gauche, et au regard de mon propre état et de celui de mon bateau, voilà ce que je ressens ce matin. Vous l'avez bien compris, l'océan Indien est en train de donner ou non son autorisation de passage, et le droit est cher pour certains. Je me suis réveillé ce matin comme après un long cauchemar. Sonné, presque choqué par la violence des coups. Mais l'Indien qui sommeillait en moi vient lui aussi de se réveiller. J'en ai marre de prendre des coups et de subir. À travers cette lettre et en même temps que je cherche mes mots, je sens que la rébellion monte en moi comme un fils peut en vouloir à son père le jour de l'adolescence. Maintenant je combattrai la tête haute, animé d'un esprit de vengeance, pour toi le frère de sang, pour ta tribu des Abers, mon ami Bernard. L'Indien mérite beaucoup de respect et d'humilité pour être traversé. Mais j'en ai encore plus pour toi et ta famille. Le combat continue, plus pour très longtemps, mais il faut tenir* ».

Provocation, rébellion... Subir la force et la pression des éléments, se sentir débordé par des forces incontrôlables sont les sentiments les plus insupportables en mer. À ce moment de la course, j'ai obscurément senti le besoin d'extérioriser ces pensées un peu puériles, et de libérer ainsi par la colère l'énergie nécessaire pour retrouver la force de maîtriser une situation qui m'échappait. Je n'ai pas durant ces six semaines de course rencontré le plaisir recherché, et en ces instants chargés en émotion mon orgueil m'a aveuglé, me faisant perdre de vue l'objectif final, qui est de terminer. Telle est l'analyse que je suis aujourd'hui en mesure d'accepter, pour moi-même et pour ma reconstruction de marin. Le Grand Sud ne m'a pas traumatisé. L'accident ne m'a laissé aucune appréhension. L'envie de naviguer est là, plus pressante chaque jour. Et la certitude qu'il me sera offert une nouvelle chance de retourner en course autour du monde est plus que jamais le moteur de mon existence. Je me dois simplement la vérité dans la nécessaire introspection des sentiments qui m'habitaient alors, afin de comprendre les mécanismes subtils qui permettent en mer, seul au monde, de porter jusqu'au bout une entreprise pourtant techniquement irréprochable.

Michel Desjoyeaux et *Foncia*, grands vainqueurs, ont eux réalisé un tracé impeccable. Mich' partait d'un savoir, d'un vécu enrichi par ses victoires précédentes. Mon équipe et moi partions d'une page blanche, et notre parcours, de la seconde division jusqu'au sommet de la Ligue, n'a pas à rougir de la comparaison.

Bon régatier, j'ai su en dix années muer en bon marin. Le Vendée Globe a accéléré ma maturité de chef de projet, de patron responsable. Amoureux de la vitesse et des montées d'adrénaline, j'aime naviguer sur le fil du rasoir. Jouer avec les limites fait partie de mon métier. Je suis passé très près de cette limite. Je l'ai vue, l'ai matérialisée. Je paie le prix. J'émerge de cette épreuve avec, plus que jamais, l'envie de vivre à cent à l'heure, et de fuir la routine. Ces trois dernières années ont été une fulgurance, d'hyperactivité, de stress et d'aventure, totalement partagée avec une équipe choisie de copains, d'amis qui jamais ne m'ont laissé tomber. Perth, Trestel, Kerpape font désormais partie de moi, comme ce clou qui maintient mon fémur. Tout cela relève des à-côtés, des petites parenthèses totalement acceptées, prix modique à payer pour une existence de liberté. Je connais la gamme. Je suis, aujourd'hui comme hier, prêt à la décliner de nouveau, Figaro, maxi-multicoques et vite, très vite, l'ivresse, la rage, la hargne du combat pour gagner à nouveau le droit de partir seul, là-bas, dans ce pays de l'ombre, toucher du doigt mes imperfections, mes manques et mes impossibilités de petit homme qui regarde la mer.

Portrait de Yann Eliès

Par Dominic Bourgeois

Le curriculum nautique de Yann Eliès en dit long sur les deux passions de son plus jeune âge : la mer et la voile.

Avec un oncle et un père totalement impliqués dans la course au large, difficile de ne pas plonger des pieds à la tête dans cet océan qui baigne l'adolescence de ce Briochin. Tout commence par la filière du dériveur pour sillonner les plans d'eau bretons en 420 : de Saint-Malo à Quiberon, de Bénodet à Brest, la formation est intense et le goût de la compétition s'incruste par cette école de discipline, d'engagement et de persévérance. Mais si la voile est un plaisir et une découverte, c'est aussi un métier : les études font place à l'apprentissage de la voilerie, puis à la mise au point de ces moteurs véliques au sein de X-Voiles à La Baule. Et le dériveur laisse place au voilier habitable en First Class 8, puis au monotype Figaro, lorsque Yann Eliès remporte le Trophée Crédit Agricole en 1996.

« Je me suis alors initié à la course au large car je n'en avais jamais fait. Les débuts ont été un peu laborieux mais à partir de 2001, j'ai commencé à percer dans le circuit Figaro. Peut-être que mon expérience sur The Race avec Cam Lewis m'a enseigné le large et le plaisir de naviguer loin. Halvard Mabire et Lionel Lemonchois m'ont parrainé pour embarquer sur Team Adventure : j'ai ainsi découvert le multicoque et j'ai retrouvé le plaisir de la compétition car j'arrivais en butée en Figaro. »
Cette expérience océanique est un nouveau déclic pour Yann qui revient sur le circuit monotype avec succès puis renouvelle par deux fois le tour du monde à l'occasion du Trophée Jules Verne, aux côtés de Bruno Peyron. Deux records autour du monde à son actif et une pléiade de succès en Figaro ! Aguerri par la diversité de ces parcours, animé par la volonté d'en découdre au plus haut niveau, ce marin accompli qui mixe le solitaire et l'équipage, le monocoque et le multicoque, ne pouvait que s'élancer autour du monde en solitaire lors du Vendée Globe 2008-2009.

Palmarès

Yann Eliès
Né le 31 janvier 1974 à Saint-Brieuc
Marié et père de deux enfants

- Vainqueur de la Solo-Concarneau 2009
- Participation au Vendée Globe 2008-2009
- Double détenteur du Trophée Jules Verne, à bord d'*Orange* (2002) et *Orange II* (2005)
- Double Champion de France de Course au Large Solitaire (2004 et 2006)
- 10 participations à la Solitaire du Figaro avec quatre victoires d'étape (2ème en 2004, 5ème en 2005 et 2006)
- Double vainqueur de la Generali Solo (2001 et 2004)
- Double vainqueur du National Figaro en équipage (1998 et 2001)
- Vainqueur du Championnat de France en Mumm 30 (2003)
- Participation à The Race à bord du maxi-catamaran *Team Adventure* (2001)

Classement au passage du Cap de Bonne-Espérance (Vendée Globe 2008-2009)

		CAP BONNE-ESPÉRANCE	
Rg	Nom	Passage	Les Sables / Bonne-Espérance
1	Josse Sébastien	6/12/2008 8:40	26 jours 19 h 38 min
2	Eliès Yann	6/12/2008 9:50	26 jours 20 h 48 min
3	Peyron Loïck	6/12/2008 10:28	26 jours 21 h 26 min
4	Dick Jean-Pierre	6/12/2008 11:27	26 jours 22 h 25 min
5	Jourdain Roland	6/12/2008 11:50	26 jours 22 h 48 min
6	Le Cam Jean	6/12/2008 12:28	26 jours 23 h 26 min
7	Le Cléac'h Armel	6/12/2008 13:14	27 jours 00 h 12 min
8	Desjoyeaux Michel	6/12/2008 13:36	27 jours 00 h 34 min
9	Golding Mike	6/12/2008 13:39	27 jours 00 h 37 min
10	Riou Vincent	6/12/2008 13:46	27 jours 00 h 44 min
11	Guillemot Marc	6/12/2008 19:10	27 jours 06 h 08 min
12	Wavre Dominique	6/12/2008 20:40	27 jours 07 h 38 min
13	Thompson Brian	7/12/2008 12:35	27 jours 23 h 33 min
14	Davies Samantha	7/12/2008 18:30	28 jours 05 h 28 min
15	Stamm Bernard	7/12/2008 22:25	28 jours 09 h 23 min
16	Caffari Dee	8/12/2008 8:45	28 jours 19 h 43 min
17	Boissières Arnaud	8/12/2008 10:27	28 jours 21 h 25 min
18	White Steve	8/12/2008 19:49	29 jours 06 h 47 min
19	Malbon Jonny	9/12/2008 5:28	29 jours 16 h 26 min
20	Wilson Rich	10/12/2008 6:00	30 jours 16 h 58 min
21	Dejeanty Jean-Baptiste	10/12/2008 23:44	31 jours 10 h 42 min
22	Hatfield Derek	11/12/2008 22:40	32 jours 09 h 38 min
23	Dinelli Raphaël	13/12/2008 22:12	34 jours 09 h 10 min
24	Sedlacek Norbert	14/12/2008 6:35	34 jours 17 h 33 min

Classement final du Vendée Globe 2008-2009

		Arrivée		
Rang	Bateau / Nom	Passage ligne	Temps de calcul	Les Sables - Les Sables
1	Foncia / Desjoyeaux Michel	01/02/2009 16:11:08	01/02/2009 16:11:08	84 jours 03 h 09 min 08 s
2	Brit Air / Le Cléac'h Armel	07/02/2009 09:41:35	06/02/2009 22:41:35	89 jours 09 h 39 min 35 s
3	Safran / Guillemot Marc	16/02/2009 02:21:36	12/02/2009 16:21:36	95 jours 03 h 19 min 36 s
RDG	PRB / Riou Vincent	Réparation donnée	---	---
4	Roxy / Davies Samantha	14/02/2009 01:41:01	12/02/2009 17:41:01	95 jours 04 h 39 min 01 s
5	Bahrain Team Pindar / Thompson Brian	16/02/2009 09:31:55	16/02/2009 09:31:55	98 jours 20 h 29 min 55 s
6	Aviva / Caffari Dee	16/02/2009 14:12:57	16/02/2009 14:12:57	99 jours 01 h 10 min 57 s
7	Akena Vérandas / Boissières Arnaud	22/02/2009 15:35:50	22/02/2009 15:35:50	105 jours 02 h 33 min 50 s
8	Toe In The Water / White Steve	26/02/2009 13:38:55	26/02/2009 13:38:55	109 jours 00 h 36 min 55 s
9	Great American III / Wilson Rich	10/03/2009 13:43:19	10/03/2009 13:43:19	121 jours 00 h 41 min 19 s
10	Fondation Océan Vital / Dinelli Raphaël	14/03/2009 15:34:24	14/03/2009 15:34:24	125 jours 02 h 32 min 24 s
11	Nauticsport-Kapsch / Sedlacek Norbert	15/03/2009 18:33:56	15/03/2009 18:33:56	126 jours 05 h 31 min 56 s
ABD	Veolia Environnement / Jourdain Roland	abandon le 2/02/2009	---	---
ABD	VM Matériaux / Le Cam Jean	abandon le 6/01/2009	---	---
ABD	Artemis / Malbon Jonny	abandon le 4/01/2009	---	---
ABD	Paprec-Virbac 2 / Dick Jean-Pierre	abandon le 1/01/2009	---	---
ABD	Algimouss Spirit Of Canada / Hatfield Derek	abandon le 29/12/2008	---	---
ABD	BT / Josse Sébastien	abandon le 29/12/2008	---	---
ABD	Generali / Eliès Yann	abandon le 20/12/2008	---	---
ABD	Ecover 3 / Golding Mike	abandon le 16/12/2008	---	---
ABD	Maisonneuve / Dejeanty Jean-Baptiste	abandon le 16/12/2008	---	---
ABD	Gitana Eighty / Peyron Loïck	abandon le 15/12/2008	---	---
ABD	Cheminées Poujoulat / Stamm Bernard	abandon le 14/12/2008	---	---
ABD	Temenos II / Wavre Dominique	abandon le 13/12/2008	---	---
ABD	Pakea Bizkaia / Basurko Unaï	abandon le 26/11/2008	---	---
ABD	Delta Dore / Beyou Jérémie	abandon le 26/11/2008	---	---
ABD	Hugo Boss / Thomson Alex	abandon le 13/11/2008	---	---
ABD	Aquarelle.Com / Bestaven Yannick	abandon le 11/11/2008	---	---
ABD	DCNS / Thiercelin Marc	abandon le 11/11/2008	---	---
ABD	Groupe Bel / De Pavant Kito	abandon le 11/11/2008	---	---

RDG = réparation donnée
ABD = abandon

REMERCIEMENTS

Yann Eliès tient à remercier : Michel Andignac, Sébastien Audigane, Christophe Baudry, Michel Becker, Jean-Yves Bernot, Commandant Bowater, Tanguy Brodu, Jean-Yves Chauve, les supporters du Club Eliès, Pascal Conq, le Conseil Général des Côtes d'Armor, Guy Cotten, le CROSS Griz Nez, Samantha Davis, Herve de Saint Germain, Philippe de Villiers, Anne et Patrick Eliès, Titouan et Marie Eliès, Soizic Eliès, Marc Engelbert, Jean-Baptiste Epron, Bénédicte Etienne, Europ Assistance, Jean-Marie Finot, Francois Garreau, Alain Gautier, Pierre Giboire, Benoit Gilles, Mike Golding, Guilain Grenier, Groupe Generali, Groupe Safran, Marc Guillemot, Anouk Hello, Denis Horeau et l'équipe de la direction de course du Vendée Globe, Sébastien Josse, l'agence Mer & Media, Yves Lambert, Marie-Christine Lanne, Philippe Laot, Jean-Luc Lazaro, Armel Le Cléac'h, Lionel Lecoq, Florent Legal, Lionel Lemonchois, l'équipage de la Frégate HMAS Arunta, l'équipe médicale du Royal Perth Hospital, Les centres de rééducation de Trestel et de Kerpape, les collaborateurs du Groupe Generali, les internautes du site www.generali-voile.com, Richard Loncle, Thierry Martinez, Gilles Martin-Raget, Renaud Mesnard, Emmanuelle Molinier, Sylvain Mondon, Gilles Monnier, Multiplast, Néfertiti productions, Michel Nottet, Kiny Parade, Philippe Péché, Bruno Peyron, Patrick Poivre d'Arvor, Pôle France Finistère Course au large, Sandrine Pouch, l'Equipe Roxy, Fabienne Schmidt, la SEM Vendée, Bernard Stamm, Erwan Steff, Fabrice Thomazeau, Claude Tendil, Denis van den Brink, Sophie Vercelletto, Stéphane Viot, Yvan Zedda, Zinedine Zidane, toutes les écoles qui ont suivi mon parcours et plus généralement tous ceux qui ont contribué directement ou indirectement à cette aventure.

Composition Graphic : G. Verdon/Mer & Media

CPI – Imprimé en France
N° d'impression : 091571/1
Dépôt légal : mai 2009